教育部人文社会科学研究青年基金项目资助
项目编号：16YJC760052

工业景观考古视野中大运河生态文化景观的保护研究

大运河

The Grand Canal

王薇·著

天津社会科学院出版社

图书在版编目（CIP）数据

工业景观考古视野中大运河生态文化景观的保护研究/王薇著. -- 天津 : 天津社会科学院出版社，2020.6
ISBN 978-7-5563-0642-8

Ⅰ. ①工… Ⅱ. ①王… Ⅲ. ①大运河－景观保护－研究－英国 Ⅳ. ①K956.14

中国版本图书馆CIP数据核字(2020)第106959号

工业景观考古视野中大运河生态文化景观的保护研究
GONGYE JINGGUAN KAOGU SHIYE ZHONG
DAYUNHE SHENGTAI WENHUA JINGGUAN DE BAOHU YANJIU

出版发行：天津社会科学院出版社
地　　址：天津市南开区迎水道7号
邮　　编：300191
电话/传真：（022）23360165（总编室）
（022）23075303（发行科）
网　　址：www.tass-tj.org.cn
印　　刷：北京盛通印刷股份有限公司

开　　本：787×1092　毫米　1/16
印　　张：15.25
字　　数：190千字
版　　次：2020年6月第1版　2020年6月第1次印刷
定　　价：78.00元

目 录

引 言

从2014年中国大运河(以下简称“大运河”)“申遗”成功成为世界文化遗产,到今天的大运河文化带建设成为国家战略,这些变化反映了中国文化遗产保护理念的重大变化与转折,是中国文化遗产从单体向丛体、从三维向多维、从单元向多元、从点向点线面集成的转折,充分体现了中国文化遗产保护的水平,完善了中国文化遗产保护与利用的体系,为世界文化遗产保护提供了新的范式,这一范式可以称之为“中国大运河范式”。在大运河申遗过程中,考古工作对其价值阐释发挥了关键作用;在大运河“后申遗时代”,考古工作亦将对运河文化遗产的解读和大运河文化带的建设起着举足轻重的作用。因此,我们既要对考古在大运河申遗过程中的关键作用加以总结和归纳,也要对“后申遗时代”考古在大运河文化带建设中的地位和作用进行分析与阐述。

由于现代社会发展的步伐加快,人类见证了大量古代和近代物质文化遗存的迅速消失。人类古代的物质文化是一种不可再生的文化资源,它们的消失将破坏和彻底割断我们能够触及自身来历的有形联系,永远丧失对历史和文化深入理解和体验的生动对象。但是在19世纪,在工业革命的发源地英国,出现了工业考古学的萌芽,一些有识之士试图保存工业文明起源的物证。随着“二战”后的大规模重建,工业考古学终于在20世纪60年代正式成为考古学的研究领域和学科分支。1963年英国专门设立了“工业纪念物调查所”,开展对英国工业革命时期的机械、建筑物的野外调查,并发表调查报告和研究成果。工业考古学研究主要集中在18世纪后半期工业革命开始至今的时间范围,同时也探索前工业时期及原始工业的根源。它利用考古学擅长研究物质文化的特点,研究工业生产过程中产生的有关文字记录、人工制品、地层学、聚落形态及自然和城镇景观方面的物质与非物质材料,它特别强调对工业革命以来的工业遗产的记录和保护,并保留和重建工业发展的工作方式和技术。在西方工业考古研究中,运河是其中重要的一个部分,从工业考古视角研究运河不仅关注河道本身的遗迹,更需研究运河背后的一个更宏观、庞大的独立经济与文化体系。因此,在大运河“后申遗时代”,对运河文化遗产的解读和大运河文化带的建设必定需要借鉴工业考古学研究方法来阐释大运河系统的价值为大运河文化带建设提供一定的借鉴。这是本书写作的目的与意义。

第一章
工业考古学概述

1.1　工业考古学的概述

1.1.1　工业考古学定义及其发展

在人类历史上，英国的工业革命是一种特有的现象，其影响遍及全世界。我们今天的社会经济本质上就是工业化的社会，我们社会繁荣的建立也是在工业活动的成果之上，而我们周围的城市，很大程度上是两个多世纪工业化进程的结果。工业考古学就是关注与工业相关的事物，简而言之，它是研究和分析工业时期物质遗迹的学科。

传统上公认的考古学是通过挖掘现存的文化遗迹来研究过去的文化，它的主要研究方法通常是考古发掘。作为一种获取证据的手段，考古发掘的结果使考古学家能够确定人类进化的时间和地理分界线，并根据特定的特征对特定的时期进行分类。

我们认为工业考古在本质上也是对一个时期的考古或文化考古，就像新石器时代考古、罗马考古或中世纪考古一样。它是一个时代的考古，而这个时代在英国被合理地定义为工业革命。因此，作为一个术语，工业考古在更传统的考古学时期划分的背景下是最为准确的。但它的缺点之一是“工业”一词，这造成了定义上的问题。一些解释认为工业考古学主要关注的是与过去250年工业化有关的建筑和机器。另一些人否定了这种时期划分，认为这个主题可以涵盖从燧石斧头工厂到罗马时期面包炉再到工业革命甚至更晚时期的任何工业活动。然而，如果我们接受传统的考古学方法，工业考古学可以被定义为解释人类进化的一个时期，在这种情况下，这个时期的特征是工业化。也许“现代考古学”更合适这个定义。

工业革命时期是工业考古研究的核心内容。但是像研究其他时期的考古学家一样，工业考古学家，也需为他的研究的领域提供一个视角和背景。工业考古学的研究对象和技术方面都是按时间顺序展开的，难以具有明确的研究重心，因此需要灵活的界定。与其他考古学家（或历史学家）一样，工业考古学家必须了解其特定研究领域的背景。因此，在18和19世纪发展的风力和水力发电是要放在更早的社会背景下才得到充分的认识。但是，把工业考古学仅仅看作是过去两百年左右的工业活动这也是对文化定义的否定。工业考古学家如果想要对工业革命的遗址和工业产品有真正的了解，就必须从整体上考察相应的景观。工业考古学在某种程度上是一种景观研究，而且工业考古学家不能把自己完全局限于主题研究。工业革命创造了新的经济形势，新的景观和新的生活方式。作为一个工业国家的居民，我们所有人的生活都与工业国家的历史有着密切的联系，这不仅因为工业时期离我们最近，而且还因为在过去250年中所发生的变化为我们的现代社会和世界其他各地的工业社会提供了坚实的基础。

工业考古学研究成为20世纪下半叶一种普遍的现象，但即使在那个相对较短的时期，它对不同的人群也有不同的意义。来自公共和私人博物馆、铁路保护协会或运河保护组织等不同背景的从业人员，来自不同学科的学者，以及从事历史建筑研究的专业考古学家和建筑师，都将把自己归类为“工业考古学家”。这种专业的多样性导致了关于这一主题范围的持续辩论，但现在普遍的共识倾向于将工业考古学定义为对工业机械和人工制品的系统研究，作为扩大我们对工业历史理解的一种手段。在这个定义的基础上，这个学科现在不仅在英国，而且在全世界都获得了令人尊敬的专业地位。

"关联性"这个词是近年来人们对工业考古学兴趣显著增长的关键——人们普遍认识到，我们过去的这个特殊时期在世界范围内是独一无二的，在它的物质遗迹中有杰出和非凡意义的纪念物。世界上以前没有发生过工业革命，也没有其他国家随后的工业化进程具有同样的自发性，产生了同样范围的技术创新，或产生了同样的景观变化。因此，工业考古学并非仅仅出于一种超然的或学术上的兴趣，而是受到一种情感参与的驱动，一种有关我们过去的历史正在被摧毁的深刻的感觉。20 世纪中叶的环境条件，正是为这种新的兴趣的增长提供了最佳时机。战后的岁月几乎被一种近乎 19 世纪的疯狂增长模式所主导——建立新的工业产业，新的城镇，为未来繁荣而建的基础设施。但与此同时，也伴随着大量旧有的事物被拆毁。由于过去的事件为之后提供了一定的经验教训，所以在对新资源开发的时期出现了一种反对声音——人们第一次认识到对环境盲目的破坏所导致其变得很脆弱和敏感，由此产生对环境的重要性和动态性的认识。工业革命提供了一个糟糕的例子，虽然大多数人认识到最糟糕的过度工业化必须结束，但他们也认识到，社会没有足够的道德责任来阻止同样的事情再次发生。工业考古学的发展只是人们对景观及其未来广泛兴趣的一个方面。

促进工业考古学的发展另一些因素包括由于 18 和 19 世纪英国的大片工业地区遭到破坏，这引起了人们的注意，人们开始认识到这些工业地区的重要性。更重要的是由于人们对新型经济活动开始投入更多的热情，这同时促使了过去的经济增长和成就也呈现出一种新的魅力。那些在工业革命中引人注目地促进了经济增长的纪念物，在某种程度上受到了人们的赞赏，这在20世纪30年代是不可能的，在这个时期中人们的脑海中充斥着失业、经济衰退、城市萧条与景观恶化的观念。但是到20世纪50年代中期，第一次出现人们对过去工业成就产生的民族自豪感开始油然而生，这种自豪感逐渐抵消了过去工业时期产生的那些不利的社会后果。因此出现了一种有趣的现象，即为了应对战后发展带来的破坏，人们开始形成一种新式的和广泛的环保意识。人们一方面担心历史会重演，所以很长一段时间对工业时期取得的漠视不顾。但另一方面人们又注意到工业革命时期是具有非常特殊的意义，事实上，这一时期产生的物质遗迹以成为我们现代文化起源的真实有形的依据。这一悖论使工业考古学家在建立自己的可信度时遇到了一些困难，特别是在保护那些具有重要历史意义的遗址和地区时，这些遗址和地区超出了当前已有的和相对狭窄的当代美学欣赏领域。然而，在这种环境和历史意识的新气候下，工业考古学已经从一颗种子长成茁壮的小树。

因此，促使人们对工业考古学产生广泛兴趣的因素是很多的，不仅包括对遗址中可能存在的考古证据的记录，而且还包括将其作为国家遗产中重要部分进行保护的愿望。除了在审美方面对工业遗迹产生新的兴趣，人们也开始更多地关注工业机械，并出现大量的追随者，以及将关注的范围进一步扩展，例如对工业住宅区的保护。因此，工业考古学已经成为一项基础广泛的研究，它涉及的内容要远比"工业"和"考古"这两个词所蕴含的内容多。"工业考古学"一词的起源并不清楚，但它很可能是20世纪50年代初在曼彻斯特创造的。它第一次出现在出版物上是在1955年，当时迈克尔·里克斯(Michael Rix)在《业余历史学家》(*The Amateur Histo-*

rian)杂志上发表了一篇文章，强调在工业化遗迹消失之前记录和保存它们的必要性。

工业考古学在过去几年里蓬勃发展的一个重要特征是，大量有着不同工作和教育背景的人在为工业考古学的发展做出了真正的贡献。作为一门学科，它从广泛的学科中汲取生命的血液，一方面要求对经济或社会历史或地理的理解；另一方面要求对机械或土木工程、冶金或建筑的知识有所掌握。正因为它包罗万象，几乎任何人无论其专业知识或技能如何，都能够以他们方式为工业考古学做出一定的贡献。工业考古学和其他考古学一样，吸引了来自各行各业的人们，并形成了许多地方团体。然而，与传统考古学不同的是，工业考古学还没有培养出一支训练有素的专业人员组成的核心队伍——至今还没有办法成为合格的工业考古学家。

这种广泛的认识基础使工业考古学如此迅速地取得发展，这既是它的长处，也是它的弱点。工业考古学缺乏令人信服的学术渊源，因此一直受到相当多的批评，它的跨学科性质和缺乏公认的技术标准，使它没有得到许多传统学者的欢迎。然而，这些工业考古学面临的问题引起了许多人的热情，一些业余爱好者或专业人员正在迅速获得达到某种标准所必需的技能。一般说来，工业考古学的发展已经超出了传统考古学活动的范围，而且直到最近，工业考古学家才开始采用传统考古学家已经确立的技术，并把它们应用到这项新的研究中去。工业考古学所特有的实用技术很少，尽管有些技术，如对机器的记录和各个方面的保护，这也产生了一些具体的问题，这些问题无疑将为将来大量的工业考古学研究提供基础。

现在越来越清晰的是，工业考古学家通过在田野调查，研究遗址的工作对我们的知识总量的积累做出了真正的贡献。工业考古学家作为田野工作者和景观的阐释者，不仅能为历史学家研究考古发现时依据仅存的文献资料做研究提供更多层面的证据，而且在大量的实地调查中这些工业遗迹本身也成为重要的研究资源。例如，从18世纪中期以来，没有任何文献资料可以详细解释铁路的发展。现存的考古资料只能揭示不同类型的原始巷道之间的区域差异，它们的轨道系统技术、轨道和轨枕设计以及土方工程方面的内容。但不能说明铁路运行的基本原理，而研究这一领域的工业考古学家使用最简单的观察和测量技术，可以很容易地解释一些早期的铁路只是直接铺在地面上，还是旨在实现相同的功能，需要像路基、路堑和桥梁等大量的土方工程。同样，工业考古调查也提供出令人信服的证据，证明了工厂建筑从木结构到钢结构的演变阶段。同时，如果仅依靠由建筑历史学家通过史料研究出的建筑技术，没有建筑物实体遗迹的话，我们对建筑结构工程的发展理解将是不完整的。应用于早期高炉炉渣分析的冶金学研究，提供了另一个物理残留物产生价值证据的例子。虽然炉渣分析绝不仅限于工业革命的场所，但它使冶金历史学家对所用的原材料及其来源，高炉操作的温度和成品的性质有了很好的了解。到目前为止，对炉渣的实验室分析，以及对金属产品本身的分析，可能提供一种非常重要的相对年代测定技术。还有一种完全不同的方法是对工业设施、工人住房、水车或矿井的类型进行区域测绘，作为建立分布格局的一种手段。在这里，地理学家和统计学家的技术是必需的，并且一如既往地与对经济活动总体情况的理解相结合。

工业化的人工制品在某些方面也能提供对技术演变的解释，而这些从文献资料中是完全不能解读出来的。在18世纪和19世纪早期，许多奠定了工业技术发展基础的创新都是由工匠们带来的，而他们的贡献却很少被记录下来。经常出现的情况是，一家工厂拥有大量完整的商业记录，却根本无法提供任何有关制造过程的信息，而这些制造过程却是工厂存在的基础。理解这些过程的关键在于现存的人工制品，这些人工制品可以是制造设备的形式，也可以是用它制造的产品。它们还可以反映出制造和生产这些工业制品的工人们的生活和智慧，这些人比任何文献资料都更有说服力。作为创造者和生产者，工匠们都参与了制造过程，使用他在学徒期间获得的工艺技能，并将其熟练地应用到日常工作中，这是工业技术进步的基础。詹姆士·内史密斯(James Nasmyth)是英国著名的工程师，也是一位伟大的工匠和企业家，他的助理亨利·默兹莱(Henry Maudslay)也是一位发明家。他们一起共事过一段时间，内史密斯回忆说："站在旁边观看默兹莱先生用娴熟的方式处理材料并将其制成规范的成品，这一观赏过程极其赏心悦目。用锤子、凿子或锉刀的每一次敲击都是达到预期结果的有效步骤。这是一门永远也不会忘记的工艺课，这也是一门具有最崇高的意义的工艺课。"这就是工业考古学的意义所在：欣赏和理解天才的创造和制造东西的技术，以及对工艺的实用性和审美性的认识，对原始物件的认识是至关重要的。

迄今为止，工业化的物质遗迹在重要性上早已超越了它们作为纯粹历史证据的作用，这一事实为人们对工业考古学的广泛兴趣提供了主要的推动力。对越来越多的人来说，在过去两个世纪里所诞生的发动机和机器、工厂、磨坊和仓库、运河和铁路已经成为我们周围景观的重要部分，同时也是我们文化遗产的重要组成部分。它们已经影响到无数的普通人，虽然人们没有受过艺术或建筑美学的训练，但是他们完全能够发现那些环绕繁茂树林山谷的铁路形成的曲线美感，高耸的高架桥所展现出的气势，运转的机器引擎所产生的完美的声音和气味，或是一座18世纪的纺织厂里传出的富有节奏和韵律的织布声音。这些工业化的纪念物不仅代表了功能完善的设计，而且具有雄伟的规模，往往可以完美地融入景观中，能够激发人们丰富的想象和完美的感官体验。它们代表了第一次工业革命的技术和创造性、冒险精神和所遭遇的困难，对它们的研究和保存正是工业考古学存在的价值与意义。

1.1.2 工业考古学理论

工业考古学在 20 世纪 60 年代成为公认的研究领域，与此同时，考古学本身也采取了一种更加理论化的立场。然而，正如格兰特所说："工业考古学在某种程度上被认为是几乎脱离了乎所有的理论，即它可以在没有特定方法或解释框架的情况下研究工业社会的物质遗迹。"①

毫无疑问，在工业考古学方面所进行的许多研究是描述性的，而不是分析性的，其研究重点是过去工业的物质遗迹本身，而不是作为人类努力的表现。或者，正如马修·约翰逊（Matthew Johnson）所说："这一领域的大多数工作都集中在对相关技术发展的考古解释上，而不是社会和文化的研究。"②这在一定程度上是因为，与中世纪后的考古学一样，工业考古学中的研究对象大多都是小规模的遗址，不容易受到过程考古学家所钟爱的宏观的概述的影响。工业考古学的解释通常局限于在一个历史模式中形成的特定场址，认为所有的细节在建立一处场址或构造时便是已知的，因此这本身就是充分的解释。迄今为止，工业考古学一直缺乏更广泛

---

① GRANT，E. G. Industry：landscape and location[J]. *Landscape and culture*，1987(7)96－117.

② JOHNSON，M. *The Archaeology of Capitalism*[M]. Oxford：Blackwell，1996.

的研究议题，也很少试图为更广泛的历史议题做出贡献，比如工业化的起源和影响。

“新考古学”需要考古学家带着一系列复杂的问题去进行田野调查和分析数据。但是工业考古学的资料通常局限于遗址和建筑物的物质遗迹以及地图、文献和图片资料，几乎总是缺少用于分析的正式的材料。有大量的工业博物馆经常是在他们的社会背景下展示文物，而没有真正的试图建立具有参考价值的馆藏如陶器、玻璃、金属制品、炉渣等。工业遗址中的物质遗迹的地层学研究很少被关注，通常是被遗弃而不是保存下来。我们即使认为物质文化是一种有意义的部分，但我们仍是缺少提炼它们价值的原始资料。比如消费的趋势如何通过当代的物品或物质文化中推断出来，这是桑克斯(Shanks)与特利(Tilley)[①]两位学者进行的比较研究，他们通过比较英国和瑞典两国生产的啤酒罐的差异推论出这两国家的消费者关于酒的不同消费观念。尽管保留从最近的遗址中提取的大量标本存在一定的难度，但仍应做出一些努力，以建立基本类型的人工制品的参考馆藏，并利用这些数据作为该时期物质文化的证据。

因此，目前的工业考古学家更专注于对遗址、工业构件和景观的解释，而不是人工制品。当然，这并不意味着他们可以在一个理论框架内工作，但所使用的资料与史前工作考古学家的有很大的不同。考古学家所使用的各种方法旨在提供一种手段，通过在可参考的理论框架内进行研究，从物质资料中提取尽量多的信息。然而，工业考古学家通常侧重于对场地和工业机械构件进行功能分析，或者研究它们的经济或技术背景。正如前面所讨论的，发现

---

① SHANKS,M & Tilley,C. *Social Theory and Archaeology*[M]. Cambridge: Cambridge University Press,1987.

工业过程中最早期的案例或者是对大多数现存的遗址制定登录与在册登记制度,这是非常有必要的,但也不可避免地使这些研究过于关注人类进程中积极的一面,因此与新考古学中过程主义学派有很多共通之处。但大多数工业时期的遗址为伴随工业化进程而来的社会剧变和阶级制度的重新定义提供了结构性证据。在许多情况下,马克思主义理论或许更合适,因为工业化时代目睹了生产力和生产关系之间的种种矛盾,比如资本主义企业不断采用新技术这就会迫使社会原始劳动力不断地去适应新的工作环境和新的工作内容。从这个角度来看,在19世纪发明的新蒸汽机取代了之前的水动力机械或许要迫使工人们重新学习新的技术并且还会出现更严格的工作制度,因为企业主希望更快收回他的投入的资金,甚至想让发动机保持永不间停的连续工作运转。用马克思主义理论来说,解决新技术与社会劳动力组织之间的矛盾,将是社会进步的一个范例。

当然,并不是所有工业时代的遗址都适合这种研究方法。许多一般建筑,如石灰窑或洗矿槽,似乎远离了人类社会的矛盾。他们通常通过类型学的方法来评估技术的发展。[①] 但是,任何工业构件都不是孤立的纪念物,而是与生产方法和生产资料所构成的整体的一部分。在相关的研究中,兰·霍德(Lan Hodder)使用的"背景考古学"一词是最为贴切的,即"对与工业遗迹相关元素构成的整体背景进行完整和详细的描述是行得通的"。[②]这些联系不仅包括工业考古学家通常考虑的原材料来源、加工方法和运输网络的

① STANIER,P. H. Dorset limekilns: a first survey[J]. *Proceedings of the Dorset Natural History and Archaeological Society*,1993(115):33—49.

② HODDER,L. *Reading the Past*,*Current Approaches to Interpretation in Archaeology*[M]. Cambridge: Cambridge University Press,1986.

经济联系，而且还包括生产的社会背景。工业考古学家有文献和实物资料的优势，应尽可能使用它们来帮助解释他们正在研究的工业遗址和构件。工业制品的社会背景经常出现在博物馆或保护项目的展示材料中，但很少出现在研究工业遗址的议题中。但是，它却是理解复杂遗址的不同组成部分之间的关系及其社会象征意义的一个重要因素。

随着时间的推移，许多工厂随着动力资源和技术方法的改变而发展起来，工业考古学家主要按这些功能进行分析。但这些工业建筑也可以反映生产的社会维度的变化，纺织工人的小屋与一台台的轧棉机形成了一种更为专业的工业综合体空间布局，是 18 世纪后期以后工业社会的典型特征，这样的空间布局可以使生产时间得到更好的利用，由此工厂的利润得以最大化。持续的生产，无论是由水动力还是蒸汽动力时代，都需要企业家开始对其工人进行一定程度的社会管理。工业考古学家在实际生产过程和生活设施的空间组织中都能观察到这一点。例如，在钢铁工业中，炼铁炉要常年持续不断地鼓风运转，需要工人不间断的关注。铁厂的布局要为了方便原料运至炉膛，并保障工人在现场不断换班，有时工人们住的农舍会安置在炉膛装料桥下。在 18 世纪后期的新型棉花产业中，企业家们从一开始就认识到了社会管理的价值。1771 年在克伦福德（Cromford），理查德・阿克赖特爵士（Sir Richard Arkwright）建造的第一个棉纺厂展示了是如何从入口进入工厂内部场地：棉纺厂四周设有高的围墙，开放的底层没有窗户可以俯瞰工厂的道路。文献资料中记载阿克赖特爵士非常注意他的新专利机器操作的保密性，但工厂庭院是一种开放布局这是为了更好地监督工人工作的情况。类似的还有德比（Derby）丝绸织造厂，它里

图 1.1　德比(Derby)丝绸织造厂

面的纺织机和电力传输机根据圆形依次布局(图 1.1①)。在德文特(Derwent)河上的一个岛屿建有一座锻铁厂,工厂装置一座带有监测眼的封闭大门,因此,工人进入工厂后受到的监督要比在他们之前的原始工业“生产”组织制度更为严密。在建筑内部,工作人员在一个有限的空间内工作,这是由建筑的宽度和长度比例关系决定的,因为建筑宽度决定了采光条件,建筑长度决定了水平的电力传输系统的功效。工人们不再有权力决定自己的工作条件,工厂每一层的空间布局使得监督变得非常容易。监工可以确保没有人浪费他们的雇主——工厂主所付费的时间。使用访问分析技术,试图在一些早期纺织厂中描述社会和空间结构之间的关系,但很

① PALMER,M. *Industrial archaeology Principles and Practice*[M]. London: Routledge,1998.

快就转向直接的历史分析。[1] 从这个角度来看，这些早期的旗舰工厂与其说是技术发展的纪念碑，不如说是必须建立一个全新的社会关系体系的组织空间。阿克赖特爵士曾做过广告，招募“大家庭织工”来克伦福德工作，这个村庄象征着一个性别关系的新时代：工厂里有女性和童工，他为工人们建造的房子里还有为男人准备的作坊，并在工厂附近为工人们建造的住房，这或许显示出工厂主的仁慈，但在空间特征上却反映出工厂的规则，需要工人们连续的工作来满足工厂不停歇运转。在之后的工厂建设中这种空间关系得到非常广泛的使用。如果要理解 19 世纪的外来工是如何同样成为资本主义生产方式的一部分的，那么原材料供应商和成品生产商之间的联系需要进一步探讨[2]。

对于工业考古学家来说，一个重要的理论立场是承认人在物质文化创造中的作用，即场地或工业机械都是深思熟虑的选择的结果，而不是环境决定论。当然，环境因素如原材料的位置，一个良好的水力发电基地的存在和现有的地形都影响着一个特定工业的选址，但人类的影响最终决定了环境因素的存在和它的形式。对一系列工业构件的类型学研究可能有助于对它们的发展进行概括，也可能有助于确定某一特定对象在时间序列中的位置，但同样不能忽略人的作用。正如兰·霍德[3]所言，物质文化不是社会的被动反映，而是社会的积极组成部分。它可以被人用来协调社会地位并带来社会变化。与研究前文字时期的考古学界相比，工业考

---

① MARKUS，T. A. *Buildings and Power*[M]. London：Routledge，1993.

② PALMER，M. Industrial archaeology：continuity and change.［J］*IAR*，XVI，1994(2)：135－156.

③ HODDER，L. *Reading the Past，Current Approaches to Interpretation in Archaeology*[M]. Cambridge：Cambridge University Press，1986.

古学家在这方面有一个优势,那就是文字记载资料有助于给那些在人类历史上做出贡献的无数人物记录名字和事件。

最后,重要的是要认识到工业遗址和工业构件不一定保留它们最初创造时的文化意义,这可能随着时间的推移而改变。领主们在18世纪将废弃的修道院和城堡作为景观设计中的浪漫意象,赋予它们与建造者完全不同的意义。工业构筑物只是在20世纪后期才实现了这种转变,现在被视为过去工业创新的标志,并不一定是在制造环境中运作的功能构件。它们本身被视为客体,而不是文化历史过程的一部分。部分原因是工业考古学家忽视了工业化过程中人的因素,他们只关注了工业构筑物的当代意义,而不是寻找其原始的创造者和建造者。

总而言之,正如在任何其他领域的考古学中一样,物质证据引发了一系列的问题,但工业考古学家很幸运地能够从文献资料中找到这些问题的答案。但是,还有更多的问题有待于解决,除非有一个理论框架,其中不仅包括功能和技术问题,而且还包括其他问题,例如社会关系和结构的象征意义。工业考古学如果要成为考古学的一个分支,就必须采用更加理论化的视角,并在这个过程中不断丰富理论研究。它不仅仅记录工业结构和人工制品的外部特征,还要试图将它们置于经济和技术环境中,而且还要试图解释它们如何体现出人类行为的变化和连续性。在这种情况下,工业考古学是可以对理解人类社会的发展做出独特的贡献。

1.2 英国工业考古学起源与发展

1.2.1 工业考古学的兴起与研究范畴

20 世纪 50 年代的英国，由于战后重建使许多与早期工业化相关的景观遭到破坏，这促使了工业考古学科的兴起。“工业考古学”这一术语最先是由伯明翰大学建筑历史专业教员迈克尔·里克斯(Michael Rix)提出，他在苏格兰中部重工业地区的建筑调查中发现该地区的工业景观正在不断地遭受严重破坏。因此，1955 年迈克尔·里克斯(Michael Rix)在《业余历史学家》发表的文章中首次提到“工业考古学”，并在文中提出他的忧虑：“在对这些岛屿的调查中，我认为工业考古学在被认可之前，还有许多遗迹有待保护，许多书籍有待撰写，许多田野调查工作有待完成。”[①]同年，英国历史学家霍斯金(W. G. Hoskins)撰写了一部开创性著作《英格兰景观的形成》[②]，这部著作让考古学家开始对他们周围的景观和建筑物产生研究兴趣，从而促使一个关于研究近代景观中幸存的物质遗迹的新学科开始崭露头角。

1944 年成立的英国考古学会(The Council for British Archaeology,CBA)在工业考古学发展过程中发挥了重要作用。英国考古

① RIX,M,1995 Industrial Archaeology,[M]. *The Amateur Historian* 1995(2):8,28.

② HOSKINS,W. G,1955 *The Making of the English Landscape* [M]. London: Hodder & Stoughton,1955.

学会是为了应对战争时期的破坏，以论坛的形式向政府、媒体和公众发表英国考古学的观点、思想和政策。该学会向来很关注考古学的最新发展动向，并非常支持新研究领域的发展。1959年，学会筹办了一次大型会议，会议提出由本学会试图说服中央和地方政府制定记录和保护工业遗迹的政策。之后，英国考古学会又成立了工业考古研究所（Industrial Archaeology Research Committee）。同时，该协会提出“工业考古学的研究应包括工业领域中一切有价值的内容，而不仅指一个特定的时期——工业时代的考古学”。这一观点对工业考古学未来研究方向产生了深远影响，它使工业考古学研究的时间范围不仅仅限定于18世纪后半期开始的工业化时期，同时也要探索前工业时期及原始工业的根源[1]。从1962年开始，英国考古学会对英国现存的工业场址展开了广泛的调查。此后，英国又相继成立了多个工业考古专业机构，详见表1.1。

表1.1　英国工业考古专业机构

时间	成立的机构	机构的工作	备注
1944年	英国考古学会（The Council for British Archaeology，CBA）	负责英国现存的工业场址的调查工作	
1960年	工业考古研究所（Industrial Archaeology Research Committee）	提出“工业考古学的研究应包括工业领域中一切有价值的内容，而不是仅指一个特定的时期——工业时代的考古学”的宗旨	
1965年	国家工业遗迹记录中心（National Record of Industrial Monuments，NRIM）	负责工业遗迹整理、分类、登记	巴斯理工大学Angus Buchanan博士创建

① PALMER，M，Industrial Archaeology and the Archaeological Community：Fifty Years On[M]. *Industrial Archaeology Review*，2010(32)：I，5－20.

续表

时间	成立的机构	机构的工作	备注
1967 年	工业考古协会内部成立一个咨询小组	负责监督调查工作并为博物馆协会推荐需提名，登记和保护的工业遗迹项目	
1968 年	伦敦工业考古学会（The Great London Industrial Archeology Society）	记录伦敦工业历史遗存、建议地方政府保护与维护具有历史价值的工业建筑与机械，并建立数据库	
1973 年	工业考古协会（Association for Industrial Archaeology，AIA）	负责全国工业遗址调查的工作	
1976 年	工业考古协会创办刊物《工业考古评论》		
1981 年	英格兰皇家历史古迹委员会（Royal Commission on the Historical Monuments of England，RCHME）成立国家古迹记录中心（National Monuments Record，NMR）。		由国家工业遗迹记录中心与工业遗迹调查所合并而成
1999 年	英格兰皇家历史古迹委员会（RCHME）被并入到英格兰遗产委员会（English Heritage）	开展全国工业遗址的登记工作，并将其作为国家古迹保护名册中的一部分	

20 世纪 80 年代，英国许多 18、19 世纪重要的传统工业开始迅速衰落，像一些纺织厂、铁厂和煤矿都已废弃。这不得不使苏格兰、英格兰和威尔士历史古迹皇家委员会将之前对工业遗迹展开的区域性调查转为专题性研究。这对工业考古学来说，是研究内容上的重要转变。专题性研究侧重于从建筑尺度和材料、动力系统和机械设备以及景观环境等方面研究工业建筑。同时，斯蒂芬·休斯（Stephen Hughes）博士受威尔士皇家委员会委托对威尔士南部的斯旺西河下游的濒危铜业景观开展调查，从中提出一些

研究工业建筑文化背景新的标准[①]。冷战结束后，出现了对军事工业场址的一系列研究，包括对沃尔瑟姆皇家火药厂的大规模调查以及其他国防工业区的调查[②]。这一阶段，专题性研究成为调查工业时期遗迹的重要内容之一。但有学者认为这些内容过于偏重工业建筑或构造物的技术层面，缺乏理论性，研究中很少涉及工业化所带来的结果与影响方面的分析[③]。于是，20 世纪 90 年代，新一代的英国工业考古学家开始更多地关注工业化的社会影响以及社会景观的演变过程，并将此作为研究重点。此后，工业考古学科逐渐拥有了独立的研究规范、研究方法、理论框架以及研究议题。

英国工业考古学家将“工业化”定义为“一种投资建设大规模的厂房和购买大型机械设备，以及组织劳动力进行大规模工业生产的活动”。工业考古学通常关注人们从事工业生产制造的相关行为，它定义了一种人类活动，而不仅仅是一种工业场所类型。因为“工业生产”以及后来的“工业革命”，并不只出现在英国，它是世界范围的。因此，工业考古学的目的是帮助人们更好地理解工业化进程的原因和结果。它强调从工业遗迹和物质文化中收集考古证据的重要性，同时将这些证据与现存文献、图片和口述历史联系起来。20 世纪 90 年代，英国工业考古学开始构建出本领域的研究框架。首先，工业考古学协会(AIA)在 1991 年出版的重要研究成

---

① HUGHS，S. *Copperopolis：Landscape of the early industrial period in Swansea*.[M]. Aberystwyth：RCAHMW，2000.

② COCROFT，W. D. *Dangerous Energy：the archaeology of gunpower and military explosives manufacture*. London：English Heritage，2000.

③ CAMPION，G. People，Process and the poverty pew：a functional analysis of mundane buildings in the Nottinghamshire framework－knitting industry，[J]. *Antiquity*2001(70)，847－880.

果《工业考古学:为未来而研究》①中提出了工业考古学的研究框架。2005年,又出版了《了解工业场所:英国工业考古研究体系》②,更系统地提出了一系列研究工业遗址和构造物的方法,并对未来工业考古学研究的方向做出展望。2008年,历史冶金学会(The Historical Metallurgy Society)提出关于冶金工业考古的研究框架③。同期,英格兰遗产委员会(English Heritage)也出版了专著《历史工业环境专题研究策略》④。国家矿业历史组织协会(The National Association of Mining History Organizations)为采掘业工业考古制定了一个全面的研究框架⑤。这些专著为今后研究这些地区的工业化进程提供了丰富的背景资料。

1.2.2 工业遗迹的保护

整个20世纪60年代工业考古学的蓬勃发展是基于这样一种认识引起的,即英国的工业遗迹正在消失,而新的"运动",如果这样一个术语是恰当的话,通过两个截然不同的活动展现出来——

① PALMER,M. Industrial Archaeology: Working for the Future,[J]. *Industrial Archaeology Review* 1991(16): I,17—32.

② GWYN,D&PALMER,M. Understanding the Workplace. A Research Framework for Industrial Archaeology in Britain,[M]. *Industrial Archaeology Review* 2005(27): I.

③ Bayley,J,Crossley,D & Ponting,M,Metal and Metalworking: a research strategy for archaeometallurgy,Historical Metallurgy Society Occasional Publication 6,2010.

④ Falconer,K,*English Heritage Thematic Research Strategies. A Thematic Research Strategy for the Industrial Historic Environment*. English Heritage http:// www. English—heritage. Org. uk/content/ imported—docs/f—j/industrial—research—strategy. pdf,2010.

⑤ NAMHO,2010 *Archaeology of Extractive Industries* (http://www. vmine. net/namho—2010 research. asp)(accessed 16 January 2012)

记录者和保护者。当然这两者有重合之处，但是他们的区别并没有明确的界定。当地的工业考古协会主要从事考古记录的工作，而越来越多新建的博物馆也开始从事工业考古的工作，更重要的是一波又一波成立的信托基金成为保护工业遗迹的重要组织。

早在工业考古诞生之前，就已经有国家和地方资助的博物馆开始参与到工业保护的活动中来。位于伦敦的科学博物馆作为国家科学技术博物馆是众所周知的，而其他三个国家博物馆，位于卡迪夫、爱丁堡和贝尔法斯特，都有很好的工业或技术部门和训练有素的策展和技术人员。然而，从保护工业文物的角度来看，普遍存在这样一种情况，即博物馆仅作为一座建筑，而不是一个机构组织，从事它一直以来传统意义上应该做的事情。对此一些博物馆做出一些尝试，但结果并不完全令人满意。但是一些博物馆也一直在竭尽全力地继续他们的传统角色，在爱丁堡有一个庞大的工业水车系统，它们被放置在一个新的博物馆建筑中陈列起来，而位于格林尼治的国家海事博物馆保存着一些被分解的拖船划桨，它们与水车系统受到了同样的待遇。保护文物是所有博物馆的职能，因此，为了实现保护的目标，博物馆要寻找到最令人满意的保护方法。所有这些国家博物馆都保存了大量的工业文物，这至少意味着一些被保存下来的工业设备免于破坏，但现在重要的是确保博物馆本身要保护好这些工业展品的原貌以及完整性。当然在有同一类遗迹中保存下来的文物较多的时候，我们有机会将这些文物拆解进行进一步的研究和分析它们运作的方式，但是所有其他类型的博物馆收藏，原始资料的完整性必须保持完好无损。威尔士国家博物馆出色地履行了其保护职责，它保留了迪诺维克(Dinorwic)采石场的原址，并计划在格拉摩根(GlanniBrgan)根建造采煤场遗址博物馆。

地方级博物馆也响应了工业保护的要求，专门设立了收集工业机械构件的部门，但还很少有机会向公众展示这些工业藏品。有一些企业拥有非常适合保存大型工业遗迹的场所，同时本身又具有重要的价值，所以便发展成为一个工业博物馆。例如莱斯特公司接管了该市废弃的艾比巷(Abbey Lane)污水泵站，以保护四个波束发动机，并将该基地发展为东米德兰(East Midlands)地区的工业博物馆。然而一般来说，由于缺乏资金或相关的兴趣，很多已有的地方博物馆并没有对废弃的工业建筑物及其相关机器所提出的保护要求做出反应。最后的结果是成立了许多私人机构，其中大多数是作为信托机构成立的，目的是保护重要工业遗迹的原址原貌。如果我们认为所有这些都是人们最近才开始增加对工业考古学兴趣的结果，那就错了，尽管到目前为止大多数人都是这样做的。一些对风车和水磨的保护计划已经持续多年：早在 1935 年成立的康沃尔机械保护协会(Cornish Engines Preservation Society)，现在并入特里维西克协会(Trevithick Society)，保护了很多康沃尔采矿区的机械装置，之后他们将这些机械装置移交给国家信托机构(National Trust)管理；而谢菲尔德文物保护委员会在保护一家历史悠久的制造银器刀具作坊的过程中发挥了重要作用。

然而，工业考古保护的兴盛是最近才出现的，这也反映出人们对于工业考古研究的兴趣更加普遍，但人们或许还只是对拆除历史上重要的建筑物和城镇的关注程度更高。首先，保护本身必须成为一种积极和有活力的力量，来抵消地区快速发展所产生的影响。过去一个城市的建设往往是以零星的方式建立起来的，一座建在这里或那里的建筑随时会被其他具有相同的规划或其他建筑类型所取代。在汽车开始普及之后，首次出现了大规模的城市建设，这使得城市区域中大部分土地被一种全新的景观所取代，与原有的景观毫无联系。几乎没有人会主张保留大部分已经消失的东西，但是随着城市建设带来的压力已经影响了我们周围的环境，人们突然震惊地意识到，这些不可替代的古迹往往在不知不觉中消失了，这引起了人们广泛的关注，许多人开始参与到古迹保护的项目中来。当保护的意识和情感渐渐成为主流后，像“保护”“环境”和“污染”等术语受到了前所未有的关注，以至于它们几乎变成流行词汇。就像“维多利亚”一词从一个习惯用语变成了一个时代的标志，工业考古保护也得以完善的发展。

毫无疑问，激起工业古迹保护最重要的事件是尤斯顿拱门(Euston Arch)的拆毁，这是由菲利普·哈德威克(Philip Hard-

图 1.2　尤斯顿拱门(Euston Arch)原貌

wick)设计的一座通往伦敦和伯明翰铁路的凯旋门(图 1.2)。现在回头看看它的拆除和围绕它的争论，可以说尤斯顿拱门事件标志着一个重要转折点。这是最开始也是必要的牺牲，为了使更多的工业古迹在后续发展建设中免于受到破坏的威胁。尤斯顿拱门事件还具有另一层面的意义，它使人们意识到，如果将拱门保留下来可以为新车站发挥它最初的功能，这可以将尤斯顿拱门和新车站完美地融合起来，使之具有更重要意义和纪念价值。还有许多其他古迹被破坏的情况，比如在布里斯托建造的世界上第一座炮塔因道路要拓宽而被拆除。①

工业考古保护的要求是多方面的，一方面要将具有重要的历史价值的工业遗迹作为纪念物和博物馆一样保存下来；另一方面还要将仍在使用中的重要工业构筑物像桥梁和运河等，不能被它们的拥有者随意拆除。此外，人们也越来越认识到可以尝试探索将废弃的工业建筑转换为新用途的各种可能性。因此，以前的麦芽作坊变成了音乐厅或实验室，仓库变成了公寓，谷仓变成了办公室，磨坊变成了旅馆。在利物浦，市议会正在考虑把当地的理工学院建在阿尔伯特码头的空仓库里的计划。阿尔伯特码头建于19世纪40年代中期，是由杰西·哈特利(Jesse Hartley)设计的四方院落式建筑，由铁、砖和花岗岩建成(图1.3)。后一种类型的工业考古保护在许多方面是最鼓舞人心的，因为它展示了巨大的潜力为工业建筑功能置换与再利用提供了绝好的机会，不仅让建筑和该地区再次复兴，更重要的是还可以保留工业建筑的基本架构、技术或景观的价值。工业考古学家在鉴别重要工业建筑物和确保使其重要的特征不受损害方面可以发挥真正和建设性的作用。

工业考古保护活动中最活跃的部门是私人信托机构或博物馆

① PALMER, M. *Industrial archaeology Principles and Practice*[M]. London: Routledge, 1998.

图 1.3 利物浦阿尔伯特码头(作者拍摄)

协会,它们由热心的工业考古学家组成,他们的积极性、创造力和惊人的精力使得近年来出现了大量的新项目。许多人得到地方当局的支持,也得到环境部越来越多的资助,如果他们的项目可以促进地区发展,还得到国家旅游局的资助。大多数保护项目涉及特定的遗址,如水磨坊或泵房,但也有一些包含工业遗迹周围的大片区域。同时,也有越来越多的露天博物馆将工业考古材料纳入收藏范围。有些露天博物馆还划出特定场地为重建工业建筑和机器而设计。一个相当具有特色的项目是什罗普郡(Shropshire)的铁桥峡谷博物馆(Ironbridge Gorge Museum),它是在 1968 年成立的一个信托基金的赞助下建立的(图 1.4—1.5)。

其目标是建立一个"工业博物馆系统",在这里,早期工业革命中心的建筑、熔炉、锻炉和机器将被保存在原地。以铁桥为中心的区域包含了许多早期炼铁的遗迹,还有煤矿、砖瓦厂和瓷器厂。1709 年,发明炼焦技术的亚伯拉罕·达比(Abraham Darby)在科尔布卢克代尔(Coalbrookdale)炉进一步完善了这一技术,1959 年

图 1.4　铁桥峡谷(作者拍摄)

图 1.5　铁桥峡谷博物馆(作者拍摄)

时在它附近又建立了一个小型博物馆,它们都属于铁桥峡谷博物馆信托机构管理。在峡谷的另一端是布里斯特(Blists)露天博物馆,也是由信托基金管理的,它正在被开发成一个展览场地,当建筑物和机器不能在原地保存时,它们可以被移到那里。这里还有煤矿的提升机、重新挖掘的运河河段、鼓风炉的鼓风机、印刷厂、陶器、砖瓦制品和许多其他展品。最终，该地区将成为一个记录过去历史中的景观，展现出各种工业的运作方式，这反映出东什罗普郡在18和19世纪工业发展的重要性。该项目估计耗资100多万英镑，大部分资金是通过工业界呼吁筹集的，但环境部也做出了重大贡献，特别是对大桥本身的修复工作。

工业考古保护政策和实践发展过程中英国环境部发挥了重要作用。环境部不仅负责工业历史遗迹的记录与等级工作，还为工业遗迹保护工作提供拨款，有时亲自参与到维修古迹的工作中。许多项目，无论是地方政府还是私人，都得到了来自古迹理事会的资助，而用于建筑维护的资金通常来自历史建筑委员会。大量工业遗迹不太可能像传统考古遗址那样，完全处于国家的监管之下，只有规模相对较小的工业保护项目才能够做到这样。然而，政府对私人项目的援助其是一种非常有效的保护方法。英国环境部为工业考古的发展提供了很多资助，这在很大程度上并不被认可的。早在1965年，在古迹委员会提交报告中提到，制定一套管理工业遗址政策的时机已经成熟，应尽可能在现有立法的框架内将其纳入传统的古迹政策中。对工业遗迹的立法保护，就像政府的资金来源一样，在性质上是多样化的，这再次反映了工业考古学的跨学科性质，以及很难将其完整地放入现有的框架中。最重要的保护是在古迹遗址保护法案的规定下将符合国家利益的前提下将需保护的遗迹遗址登记记录在册，从而争取私人团体的支持并将保护这些遗迹受到最小的干扰。

工业考古学虽然起步较晚，但以惊人的速度发展，为许多人提供了一个重要的兴趣焦点，并为我们过去的一个重要时期提供了一种新的观点。工业考古的技术或许不可避免地会有一点随意性，但考古学家正在加速改善这种情况并使之系统化，而不会将进一步寻求工业信息和证据的工作陷入僵局。到20世纪80年代，工业考古已能吸引越来越多大众的关注，正在为旅游业的发展做出贡献，相关的文学作品的范围也在迅速扩大，所有这些发展在20年前都是不可想象的。这一发展还会持续下去，随着一种更有组织的记录方式的出现，尤其是在被称为“抢救工业考古学”的领域，出现一种更为系统的记录方法。“抢救工业考古学”是在建筑物被拆除之前对其进行的系统记录。在保护领域如有环境部门积极地参与会有更多的优势，他们在运行和向私人信托融资方面拥有丰富的经验，此外能够得到教育和科学部门对工业遗迹的保护和解释的认可，即使超出了传统地方当局博物馆体系，但这也是一个国家的重要组成部分。工业考古学要成为一门成熟的专业学科，还有很长的路要走，但它很可能最终会实现。人们已经开始认识到关于工业革命的有形遗存中包含着大量信息，这些信息的辨别和解释需要一种非常科学和专业的研究方法。工业考古学在某种程度上正处于一个转折时期，它经历了年幼的早期阶段到青春期和近乎成年期。在工业考古学走向成熟的过程中，人们将以一种新的视角来看待它，工业考古学家的观点将被视为理解有关工业革命的社会、经济、技术和景观发展的一个基本因素，阐明工业革命以来保留下来的工业遗迹的意义，并在其相应的背景下进行阐述。

1.2.3　工业考古学研究方法与田野调查

工业考古学研究是试图从考古学的角度来探索和理解工业化的起源、发展和结果。当今一代的英国工业考古学家已经提出多种研究方法，形成较为完整的理论方法体系，其主要涵盖四个领域：工业技术与经济层面的研究；工业社会与景观的研究；针对具体工业行业的研究；针对具体工业场地的调查研究。

(1)考古材料的阐释

当前，英国工业考古学家所面临的一个重要问题是大量新材料的出现，这不仅是因为1550年以后的考古材料存续得很好，更重要的是对这一时期大量工业遗迹调查工作的展开，使得众多遗迹被发现，并记录保存下来。例如，截至2010年底，大曼彻斯特地区的历史环境记录名册中共有17116项古迹，其中一半以上是工业时期的地下遗址、建筑物和机械构造等。此外，在2009—2010年，大曼彻斯特地区对84处遗址进行考古发掘，其中有超过四分之三的遗址是关于1550年后的工业景观和建筑遗迹[①]。如何利用这些大量材料来帮助我们理解工业化进程，这是工业考古学家一直关注的事情。在此期间，英国工业考古学领域出现了两种重要的研究方法，对工业时期景观和社会考古研究做出了重要贡献。

①曼彻斯特方法

20世纪90年代末与21世纪初出现的"曼彻斯特方法"，它作为一种研究工具用来分析曼彻斯特城区内一些工业区发展演变的轨迹以及对当地社区产生的影响[②]。其中最典型的研究案例是曼彻斯特大学考古系迈克尔·内维尔(Michael Nevell)教授对位于曼彻斯特东部工业区进行工业考古学研究。迈克尔·内维尔(Michael Nevell)选取塔姆赛德地区(Tameside)作为研究对象，将研究的时间范围确定在1600—1900年期间。他首先将英格兰遗产委员

---

① PALMER, M. Nevell, M & Sissons, M. *Industrial archaeology: a handbook*. [M]. York: Council for British Archaeology, 2012.

② Nevell, M & Walker, J, *A history and Archaeology of Tameside, Volume7. Tameside in Transition* 1642—1870. Tameside Metropolitan Borough Council with the University of Manchester Archaeological Unit, 1999.

会《考古遗迹分类汇编》中记录的有关这一个区域的工业遗迹按照时间顺序进行梳理，进而对这些工业遗迹的演变过程进行考古学解释[①]。具体研究过程分为3个阶段：

阶段1——以十年为区间，对每个首次被登记的遗迹类型做一个标记，然后绘制一张由100多处不同类型的工业遗迹组成的合成图（图1.6）。然后对该图的形状与分布情况进行研究，分析这些新的遗迹是何时以及如何出现的。迈克尔·内维尔在对1600—1900年间塔姆赛德地区的工业遗迹类型演变图分析中认为：该图呈现出S型斜率是在较长周期内形成的，新的遗迹类型先是零星的出现随后便进入到快速增长阶段。这种S型增长曲线在研究该地区人口增长情况的图表中也出现过，大致为四个阶段：适应阶段——变化缓慢；扩张阶段——一段时间的快速增长和积极的反馈；整合阶段——增长减慢，负反馈变得更加普遍；成熟阶段——增长大幅放缓或停止。由此，可以推论出塔姆赛德地区出现的新工业遗迹类型是与人口因素相关的，人口数量的增加使得人们对工业生产的投入增多，从而促使新的工业类型不断出现。但最终总的工业遗迹数量受到一些复杂因素的制约，增长的速度逐渐放缓。

阶段2——对每一种工业遗迹类型的社会背景进行分析。利用地理，历史和社会经济方面的文献资料，研究这些新的遗迹类型与当时社会阶层的关系。迈克尔·内维尔在研究中发现每种新遗迹类型都与一个地方社会阶层——领主，业主和佃户相关联，由此绘制出按社会阶层划分的塔姆赛德地区遗迹类型发展图（图1.7）：所有权为领主的有28处新增工业遗迹，分布在13个遗迹类别中，

① Nevell, M & Walker, J, *Lands and Lordships; the role of the Landlord, Freeholder and Tenant in the Industrialisation of the Manchester Area*, 1600—1900[J]. Barker & Cranstone 2004:53—78.

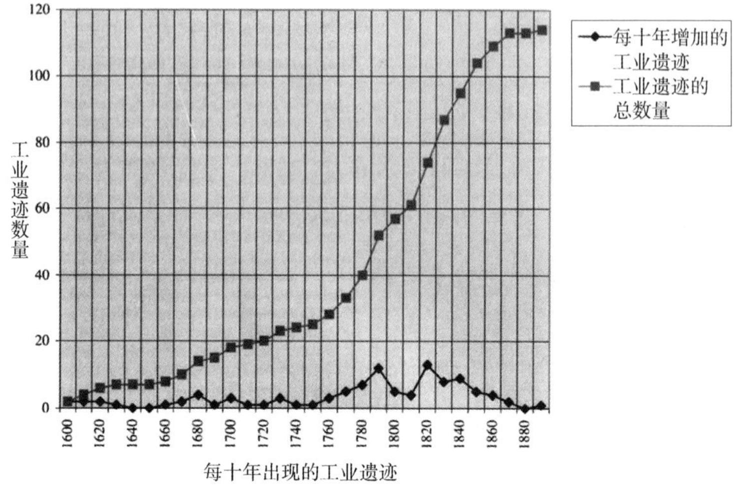

图 1.6　1600—1900 **年间塔姆赛德地区工业遗迹演变图**(Michael Nevell,2005)

其中以庄园为主;所有权为业主的有 48 处新增工业遗迹,分布在 10 个遗迹类别中,其中以乡村别墅和纺织工厂为主;佃户所有的有 24 处新增工业遗迹,分布在 5 个遗迹类别中,其中以工人的屋舍和农场为主①。

阶段 3——对本地区工业化模式成因的分析,将已分类的工业遗迹与特定的社会阶层联系起来做进一步"解释"。该案例中的研究区域在 1600—1900 年期间社会阶层主要分为三类,因此将新增遗迹类型与当时不同的社会阶层关联起来,可以看出这些阶层群体是何时以及如何在自己的领域进行工业投资建设的。这也说明众多新类型的工业遗迹正是为满足不同社会阶层群体的经济、政

① Nevell,M,Industrialisation,Ownership,and the Manchester Methodology: The Role of the Contemporary Social Structure During Industrialisation,1600 - 1900[J]. *Industrial Archaeology Review* 2005(27): 1,87—95.

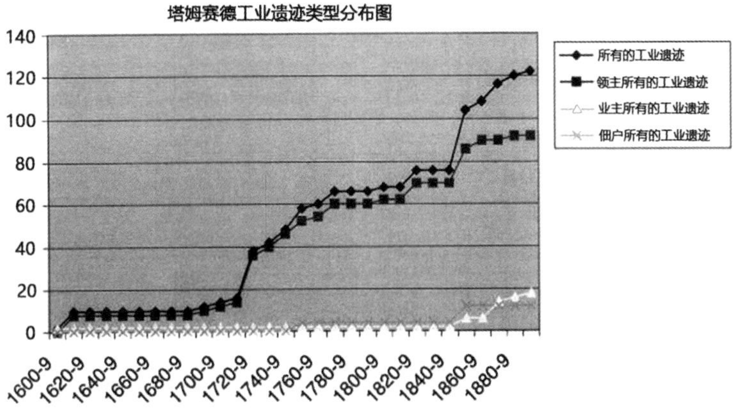

图 1.7　1600—1900 年间塔姆赛德地区依据社会阶层分类的工业遗迹分布图(Michael Nevell,2005)

治或社会的需求而建造出来的。因此,工业考古学家要将这些研究结论与更广泛的社会理论结合起来,才能分析出该地区工业化形成与发展的根本原因。

"曼彻斯特方法"的第一部分是描述性的,通过引入新的遗址类型来反映工业化的特征。这种研究方法的优势是,它可以让人们更好地了解某一地区工业化的性质和成因,也可以将一个地区的工业考古材料按遗迹类型进行分类整理,然后进一步观察它们的空间和社会分布。通过这种方式,工业化现象的年代和性质可以在由其形成的工业城镇中进行考古学追溯。

②历史景观特性描述(Historic Landscape Characterisation, HLC)方法

历史景观特性描述方法,它是表现和解释一个地区主要历史景观特征发展过程的方法,在 20 世纪 90 年代由经验丰富的景观历史学家提出的,作为了解社会变化的轨迹并以此引导未来发展规划的工具。此后,工业考古学家将该方法用于研究工业化过程中

区域性历史景观演变的特征。历史景观特性描述(HLC)方法包括五个方面:A. 将历史景观的物质遗存作为研究的基础数据;B. 研究范围包括区域中所有的历史因素,从古代到现代以及自然人文地理特征;C. 关注现存景观要素的序时研究;D. 是一种区域性研究方法旨在宏观层面上观察景观变迁;E. 根据其形态和/或特征将土地元素划分为一系列的类属型。在实际操作中,这种研究方法所涉及的大量信息须以一系列的面型数据集方式记录在地理信息系统(GIS)中,每个数据集可以表示一个不同的特征①。与其他技术方法相比,HLC 提供的历史景观的图示更具有优势。比如,传统考古调查的范围往往不是均匀的,在不同行政区域之间和内部有所偏重,常常关注已经被破坏的田野边界,却忽略了那些仍原地保留的边界。如图 1.8 所示,是对东德文郡蒙克顿的考古调查中所记录的

图 1.8　英国德文郡土地类型鸟瞰示意图(萨姆·特纳 Sam Turner,2006)

① RIPPON,S,Historic Landscape Character and Sense of Place[J]. *Landscape Research*,2013(38):2,179—202.

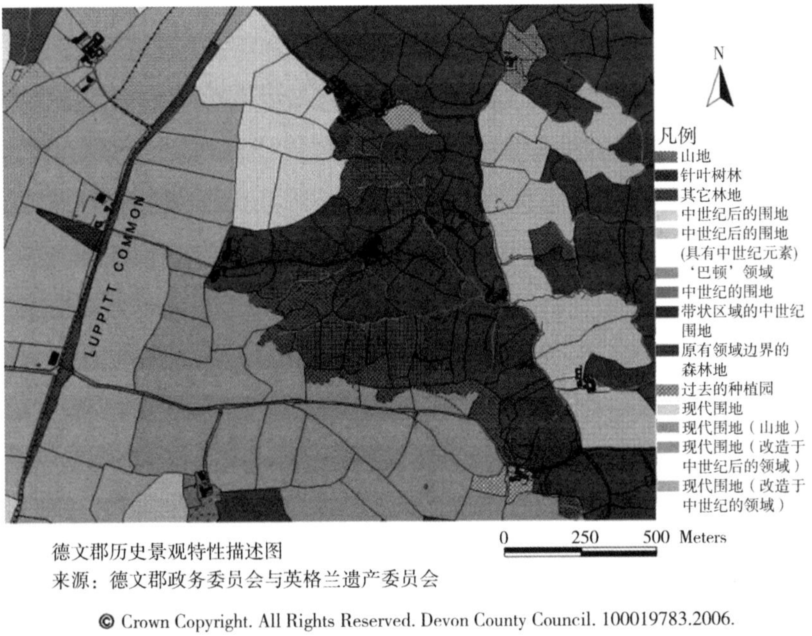

图 1.9　与图 1.8　相同区域的德文郡历史景观特性描述图

(萨姆·特纳 Sam Turner,2006)

土地类型。而图 1.9 展现的是与图 1.8 相同的区域。

利用 HLC 方法呈现出该区域的景观特性地图,通过分割的围地展现土地边界的形态与围场土地形成的密集斑块的景观特征[①]。英格兰康沃尔郡的历史景观特性描述图,绘制于 1994—1995 年,它是第一张利用 HLC 方法绘制郡级规模的地图[②]。由此可见,HLC

① TUNER,S,Historic Landscape Characterisation: A landscape archaeology for research,management and planning[J]. *Landscape Research*,2006(31):4,385—398.

② Fairclough,G & Herring,P,Lens,mirror,window: interactions between Historic Landscape Characterisation and Landscape Character Assessment[J]. *Landscape Research*,2006(41):2,186—198.

方法为工业考古学家提供了一个强大的研究工具，可用于分析历史景观的变迁是如何反映出工业化社会的特征。同时，HLC 是一个不断扩容的研究框架，可以增加和纳入研究中不断发现新的附属特性和更详细的景观历史资料。

在研究特定工业区域时，如果将 HLC 与曼彻斯特方法相结合，可以详尽描绘出该地区工业化进程中物质景观的变化，并将它们置于社会背景中进行研究，这为从考古学视角研究区域工业化进程提供了最有效的途径。

(2)记录工业建筑物的方法

对工业建筑物的研究和阐释是英国工业考古学的重要特征。实际上，深入研究工业建筑及其机械设备的经验也是工业考古学的一项重要发展，其研究重点是工业建筑的类型，结构和功能等。20 世纪中期，英格兰历史古迹皇家委员会制定了一系列不同级别建筑物的记录标准，这一标准成为英格兰遗产委员会在 2006 年提出的关于保护历史建筑指导文件《登记操作指南》的核心内容。该文件指出记录历史建筑的四个程序：一级，记录一个简短的影像；二级，测量及绘制建筑平面图作为图纸记录资料；三级，将建筑平面图、剖面图资料与文献资料综合起来进行详细的分析；四级，综合研究包括三维模型和详细的历史资料分析[①]。通过系统的设计，这些内容已成为多数历史建筑研究的基本方法。虽然建筑研究并不是工业考古学独有的特征，但是工业时期遗留下来的工业建筑和构造物相对较多，这使得工业考古学经常涉及建筑的研究，即使建筑物本体不复存在，也可以通过考古发掘的资料来进行研究。

---

① MENUGE, A. *Understanding Historic Buildings: a guide to good recording practice*, http://www.helm.org.uk/upload/Understanding_Historic_Buildings_I.pdf, English Heritage, 2006.

在21世纪早期，由于城市的发展与土地的开发，大多数现存的历史工业建筑中已经没有机械设备，许多建筑物也已很难看出它的地面结构。因此，记录工业建筑物是对其进行保护的重要手段之一。

工业建筑的记录像考古发掘一样，有其独有的方法。首先，一些建筑物和工业构造物可能分布在一个很大的区域中，这使得研究人员很容易迷失在单体建筑的细节中。因此有必要先在一个工业场地中明确现存建筑物的类型（如生产车间、电力操作间、交通线路、办公建筑、仓库建筑等），并按照这些建筑物的重要性进行适当的排序。其次，虽然工业构造物中很少能够保留完整生产和动力设备，但这类机械的固定装置和部分配件是有可能保存下来的。比如一些线轴起重支架，墙壁上的固定装置和动力传输拱门，机器，锅炉等。因此可以通过这些部分构件来推测当时工业生产的情形。第三，也是最重要的方法，即试图重建工业建筑内的工作流程——过程记录的方法，观察记录工作人员的工作过程，以便现场了解工业生产的实际操作流程①。这种方法可以应用在所有工业场所，包括20世纪的大规模工业场址的研究中。由于很多地方的具有代表性的工业建筑都已被拆除，那么对这些工业建筑的现代阐释只能通过该地区保存的与以前的结构视觉上相似的工业建筑物来完成。然而这些工业建筑物很多已被改造，仅保留建筑外壳而其内部功能完全被置换，这显然不利于对工业建筑物的考古学研究。虽然在许多情况下，这些工业历史建筑作为城镇景观的一部分可以从感官上唤起当地人们对这段历史的回忆。然而，对于工业考古学家来说不能只停留在这样的回忆中，他们需要详细了

① BUTTERFIELD, R J. The Industrial Archaeology of the Twentieth Century: The Shredded Wheat Factory at Welwyn Garden City[J]. *Industrial Archaeology Review*, 1994(16): 1, 196－215.

解、记录和解释工业建筑运作的整体过程。因为许多重要的工业生产过程都是在看起来极其普通的建筑中进行的;反之亦然,有些高品质建筑物,或许是为了给人留下深刻的印象,有时是为了与周围的环境相和谐,但与内部的实际生产操作却毫不相关。因此,对工业生产过程的正确理解是需要全面了解该行业方方面面的内容,例如工业架构或生产流程。如果仅是孤立地从某一方面进行有限的研究,那么很少能得出有价值的结论[①]。

过程记录方法是指对工业场址中与生产操作相关的所有方面的研究。首先,在"输入"方面:场地选址与周围环境的关系,这不仅是在建筑上或美学上的考量,而是考虑与原材料和运输系统之间的距离以及地质条件、地理因素和能源储蓄等问题。其次,材料在工业加工过程中是如何操作的:使用何种机械和技术,是否采用了标准规范并符合当地条件开发,包括人力资源和传统工作方法,经营成本,材料性质和市场要求等条件。第三,"产出"方面:工业产品如何储存,装载和运输到市场[②]。工业过程记录的方法最初应用在对采煤矿区工业考古中,本文以英国皇家委员会对南威尔士塔夫·梅瑟(Taff Merthyr)煤矿区的研究为例[③](图 1.10),详述煤矿区内处理采煤、洗煤的过程(图 1.11)。

① Cocroft, W D, *Dangerous Energy: the archaeology of gunpower and military explosives manufacture* [M]. London: English Heritage, 2000.

② Badcock, A & Malaws, B A, *Recording People and Processes at Large Industrial Structures*[M]. Barker and Cranstone 2004, 269—289.

③ Malaws, B A, Process Recording at Industrial Sites[J]. *Industrial Archaeology Review*, 1997(19):1, 75—98.

图 1.10 南威尔士塔夫·梅瑟(Taff Merthyr)煤矿区鸟瞰图

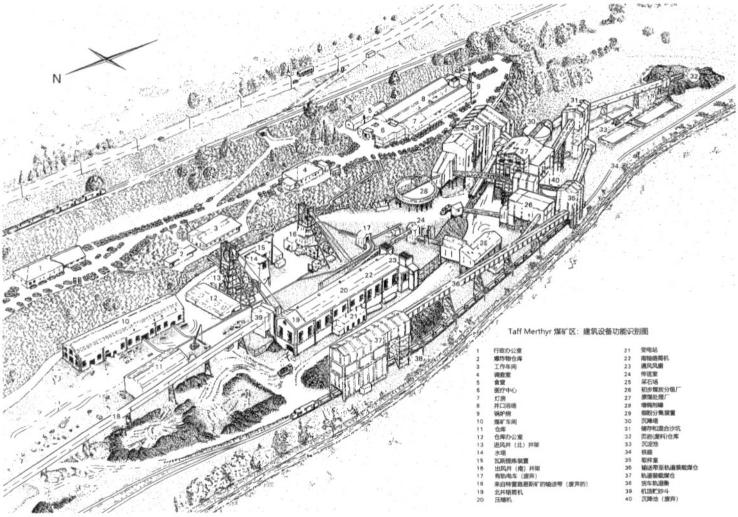

图 1.11 南威尔士塔夫·梅瑟(Taff Merthyr)煤矿区建筑设备功能图

(布莱恩·马拉维,Brian A. Malaws,1997)

1. 采煤采石

将煤切割运至坑口，输送到石头提取装置。超大煤料用破碎机粉粹后再运至坑口，同时丢弃废石。

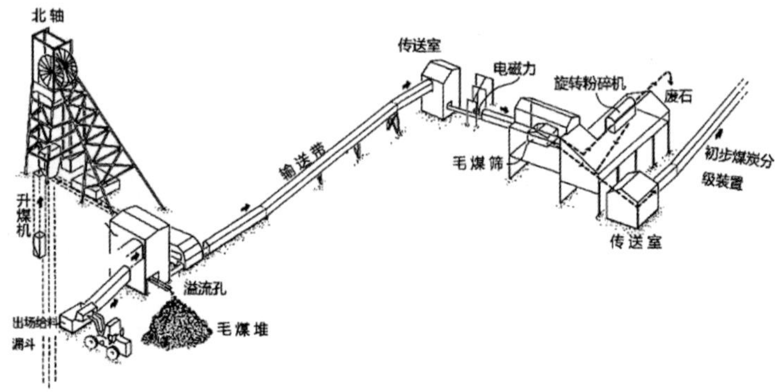

图 1.12 石材开采(Brian A. Malaws 1997)

2. 初步煤炭分级

原煤在清洗前按粒度筛分，取出小的未洗物料存放。

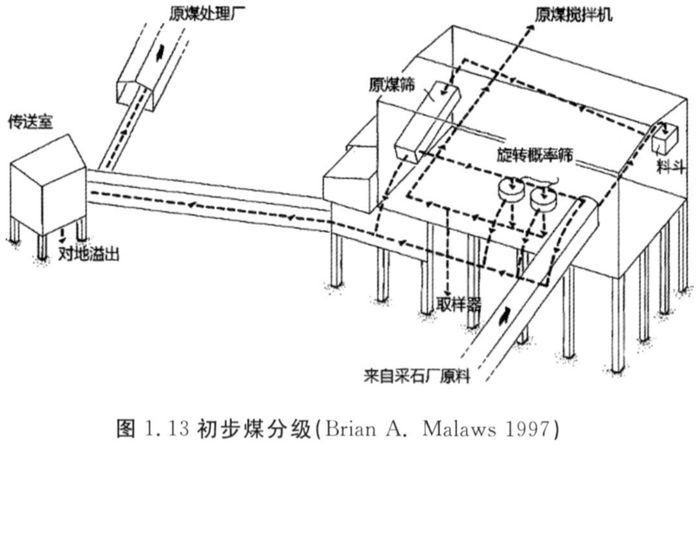

图 1.13 初步煤分级(Brian A. Malaws 1997)

3. 原煤处理（洗涤）

洗煤：将精煤储存起来，将废料送往矸石库，将剩余的细煤/废浆用管道输送到污水坑进行进一步处理。

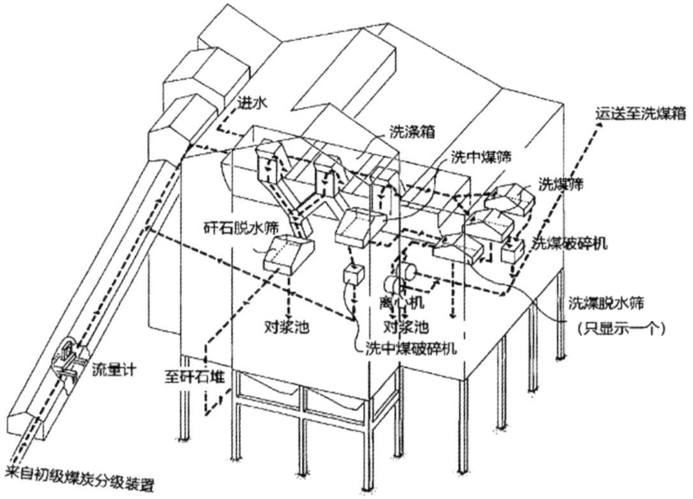

图 1.14 **原煤处理**(Brian A. Malaws 1997)

4. 细粒分离

用浆料来分离和回收最细的煤和矸石颗粒。

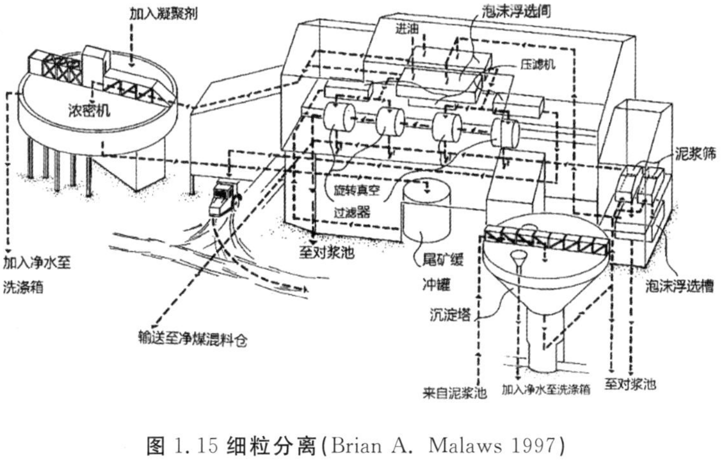

图 1.15 **细粒分离**(Brian A. Malaws 1997)

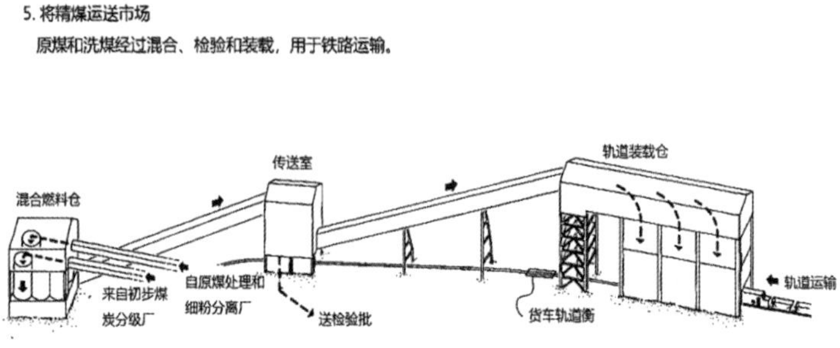

图 1.16 将精煤运送市场(Brian A. Malaws 1997)

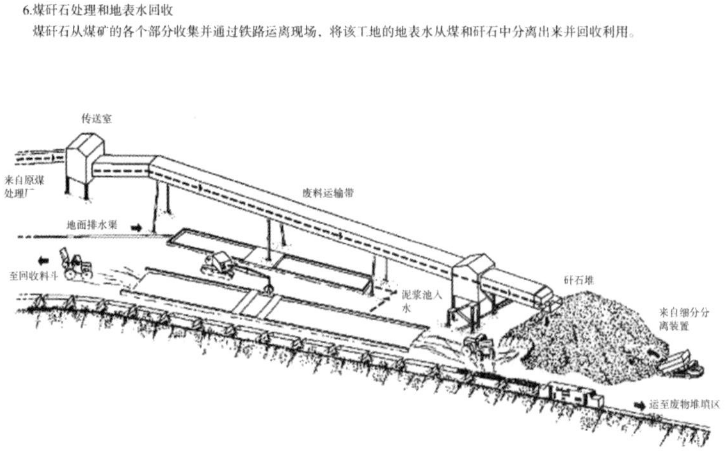

图 1.17 煤矸石处理(Brian A. Malaws 1997)

基本阶段分别是：矿石处理（石材开采和初步煤分级）（图 1.12—1.13）；原煤处理（洗选）（图 1.14）；细粒分离（泡沫浮选，煤和矸石分离，真空过滤，分离煤和水，尾矿处理，分离矸石和水）（图 1.15）；将精煤运送市场（图 1.16）；煤矸石处理（图 1.17）。

以上是 20 世纪后期，对南威尔士塔夫·梅瑟（Taff Merthyr）煤矿煤炭加工过程准确而全面的记录。该案例具有典型性，因为煤炭加工在许多矿区都是以相似的方式制备。这些内容还要应用于后续研究，在确保充分理解煤炭加工过程的基础上，还需将其与工业建筑和工程技术方面一起综合分析。由此可见，在过程记录中绘制图表或制作一系列带注释的示意图是一种非常有效的方法，它可以直观地描述出工业生产的整个过程，使人们能够认识到工业生产中各个环节具有的重要性。

1.3 国际工业考古概述

工业考古学的起源基本上被公认为是在英国，然而在英国普遍接受工业考古学之前，在世界其他地方早已开始与其相关的研究。在大多数情况下，是由政府支持建立纪念物保护清单的因素，其中包括工业纪念碑。有些是出于政治目的，比如在20世纪30年代建立的美国历史建筑调查协会（Historic American Buildings Survey，HABS），为失业的建筑师提供工作。1967年至1968年，该协会对新英格兰纺织厂进行了一项前瞻性的调查。这个关于工业建筑调查项目一直在持续着，现在由美国历史工程档案所（Historic American Engineering Record，HAER）负责，这一机构是在国家公园管理局（National Park Service）的支持下于1969年建立的。美国历史工程档案所使用了一种类似于英国国家工业纪念物档案馆（National Record of Industrial Monuments，NRIM）开发的技术，制作每个州的工业遗址索引卡片，以确定哪些地方值得进行更详细的记录。这些档案记录由国会图书馆保存，被称为“文献保存”，这是一个类似于英国国家历史遗迹档案（British National Monuments Records，NMR）的概念。在英国，工业遗址的发掘和记录工作大部分是由志愿者完成的，而美国历史工程档案所的调查是由大学工作人员和学生根据国家公园管理局的合约共同进行的。他们通常是建筑师和工程师，经过25年后国家公园管理局才第一次雇用了一位考古学家参与调查项目，负责加州莫哈韦沙漠硬岩矿区遗址的调查，他们还设想各种学科进一步合作的计划[①]。虽然档案记录并不能保障纪念物的完整保护，但美国历史工程档案所的记录形成了一份美国工业建筑环境的宝贵清单[②]。

在20世纪70年代的英国，“工业考古”和“工业遗迹”这两个术语已被普遍理解和接受，而在其他欧洲国家还没有广泛接受“工业考古”这个概念，而更倾向于说“技术纪念物”。但是无论哪种情况，这些与过去工业生产和运输有关的物质材料都或多或少完好无损地保留在原址上。这些机械构件有些出现得很早，但大部分可以追溯到18和19世纪，而一些新兴工业特别是像电子、飞机和塑料这样产业，产生的时间则是相对较晚的。在欧洲，工业遗迹的价值需要更长的时间才得以重视。尽管法国历史学家长期以来对工业历史很感兴趣，但直到20世纪70年代，人们才开始关注工业遗址，直到1980年，法国才发表了第一份关于工业考古学的国家研究报告[③]。创立于1964年，旨在创造法国文化遗产记录的总体清单，从1983年开始将工业遗址纳入其中，并建立了一个工业遗产组织，这个小组进行了各种专题调查，并出版了多个区域的工业遗产

---

① ANDREN, D'Written in rock and rust'[J]. *Federal Archaeology*, 1994 (7), 2:16—23.

② BURNS, J A. *Recording Historic Structures* [M]. Washington: the American Institute of Architects Press, 1989.

③ Daumas, M. *L' Archeologie industrielle en France* [M]. Paris: PUF, 1980.

调查报告[①]。法国于1986年开展了一项建设工业遗产国家数据库的长期项目。同年，在荷兰开始了一个类似的数据库项目的建设。虽然法国的调查可以追溯到中世纪后期，但与荷兰工业发展的情况相比，荷兰的工业调查更集中于1850年至1945年间的建筑和城镇规划。现在工业遗产调查的工作已经移交给创建于1992年的工业发展局。在比利时，调查了各种类型的工业建筑，特别是水磨坊和风车，并发表了一项全国调查报告[②]。斯堪的纳维亚国家拥有很多重要的工业遗产，这一点正日益得到其政府的认可。在挪威，文化委员会和挪威技术博物馆都记录了具有工业价值的建筑物和场址，而在瑞典，由国家古物中央办事处负责各种记工业遗产的记录活动。冷战的结束使东欧各国与西方传统有了更多的接触，并认识到其工业遗产的丰富性，也展开调查活动。自20世纪60年代，工业考古学以来在大洋洲也取得了迅速的进展，每个国家都有国家信托负责登记在册的工业遗址和建筑的研究工作[③]。

欧洲各国保护这些工业遗迹的政策存在很大的差异。一些国家如意大利和西班牙中对工业遗迹价值认可度相对较低，相比之下，古典艺术与历史古迹则被赋予更高的声誉，作为国家伟大的遗产，成为重要的名胜古迹。其他国家，例如在德国工业遗迹被高度重视，将其作为工人阶级历史的代表和象征，保护工业遗迹一直得到大量的财政支持，相比之下一些城堡、教堂和贵族宅邸遗产则相应地被淡化。大多数欧洲国家的情况介于意大利和德国之间。他

---

① Belhoste, J. F. *Fonte Fer Acier, Rhone—Alpes, XVe—debut XXe siècle*, Lyon: IG, 1991.

② Viaene, P. *Industriële Archeologie in België*[M]. Gent: Stichting Mens en Kultur, 1986.

③ Donnachie, Lan. 'Industrial archaeology in Australia'[J]., IAR, V, 1981(2):96—113.

们有一种传统，即投入公共资金来修复和保护有关宗教、政治和社会价值的历史遗迹。在过去的十年里，他们已经意识到这种对历史的态度需要改变，需要着手开始记录和保护有历史价值的工业遗迹诸如火车站，蒸汽机，运河和羊毛加工厂等，要将它们在永久消失之前得到较好的保护。但是现实情况是大多数国家的公共资金有限，政府对工业遗迹所做的仅是将它们列入有待保护的历史遗迹名录中，但并不会提供任何的资金将保护工作付诸实践。

在比利时、德国、荷兰、法国、英国和其他西欧国家，大规模的工业化生产出现在18、19世纪，相比葡萄牙或希腊，这些国家众多的工业遗迹保护几乎都没有得到政府公共资金的支持，甚至是最具价值的重要遗迹也不得不面临着衰落或是消失的结局。从某种程度上，这反映了一种不确定性，那就是如果将这样的工业遗迹作为名胜古迹进行旅游开发是否会引起公众足够的兴趣，从而使得对它的资金投入得到良好的回报。更复杂的是，工业遗迹的规模往往比较大，因此修复和维护的费用也非常昂贵。而通过为工业遗迹寻找新的用途通常也不能抵消保护这些遗迹所需的开支。其中像桥梁或煤气厂并不能很好地用于其他用途，而一幢传统庄园却常常可以用来作为学校或工业研究总部，一座城堡可以改造成公寓，修复后的礼拜堂和大教堂仍然可以作为举行宗教活动的场所。因此，总的来说，政府和旅游机构都不太清楚工业遗迹到底应需要什么样的关注。这也并不意味着保护工业遗迹是完全不可能的。如果一座工业建筑在建筑学上是价值非凡的，如果它并不急需重建或重新规划，如果它可以引起一些愿意保护它们的热心人士的兴趣，那么这些工业遗迹是可能被保护下来的。例如，英国维多利亚时期形成一个强大的权力集团，在一些位高权重的人士参与下才使得伦敦圣潘克拉斯车站保留下来免于拆除或改建，还有像被组织起来的船员通过游行来阻止布里斯托尔船务公司成为废弃的城市码头一样。

依据审美的需求，尽管旧的工业建筑已经不再像20年前那样带有污名，但它们不太可能像城堡或大教堂那样被视为浪漫的建筑，至少在公众眼中是这样的。许多工厂的烟囱都是非常美观的物件，但是，就像指向天堂的指针一样，它们通常没有教堂的尖塔那样的声誉和存在价值。一般对大多数工业遗迹产生兴趣的人需要具备较广泛的思想认识和受过教育的品味。在欧洲西北部的国家中，已有越来越多的人开始对工业遗迹产生兴趣，比起十年前这是一个很好的趋势，但它仍需要争取和其他文化遗迹平等的地位，获得政府提供资金支持，运用权威和专业的知识来保护以防止具有历史意义的工业遗迹被当作废金属而拆迁掉。幸运的是，政府并不是保护工业遗迹的唯一资金来源。现今，已经有许多私人公司投入到工业遗迹保护中，他们具有足够开明和公共意识，提供资金支持想要保护他们的历史和传统持续发展下去。同时，由一批研究者和热心人士成立了关于工业遗迹保护的协会以及在地方政府的支持下，工业遗迹保护工作已经取得了一些成果，但还未使国家部门的态度发生改变。现在工业遗迹比10年前或20年前已得到越来越多的人关注和重视。

在每个国家，对于试图保护大尺度、不可移动的工业遗迹是否明智，都有不同的看法。一些博学家认为，在博物馆里展出的照片、平面图和模型，尽可能与可转移的机械设备结合在一起，这已是对工业遗迹保护最大的可能和合理的方式。任何不符合这一方法的保护都不可避免地注定要失败，确实是这样。因为我们不可能希望保护的只是一小部分过时的机器和工业建筑。如果我们设法保留一切有趣的东西，这个国家很快就会变得阻塞，如果对死去工人陷入无限的悼念中，那么就会对现在仍在工作的工人的活动有所忽视。因此，这一“要么博物馆，要么一无所有”的理论遭到强烈的质疑，主要有两个方面：一是看圣保罗大教堂的模型是否等同于站在圣保罗大教堂内？另一个反对意见涉及历史均衡问题，如果我们只为子孙后代保留非工业建筑，我们就不能正确地看待我们祖先的科技成就。只有亲眼看到它们被建造的地方，我们才能欣赏到这些古老桥梁和工厂的规模和工艺。如果没有这些而只剩下我们自己的想象，那我们会被想象所捉弄的。当然，这并不是说博物馆是不受欢迎的机构。它们是记忆和解释过去的一种不可或缺的手段，而我们设法从毁灭中拯救出来的大多数物品，都必须放在安全的地方，由专业人士保管。无论如何，许多博物馆都是令人愉悦的地方，人们希望尽可能多的人享受参观博物馆的乐趣。但是，最好的形式应该是工业博物馆和工业遗迹可以和平的方式以及相互促进互益共存，就像考古遗址与考古博物馆长期以来所做的那样。很少有人会认为应该要炸毁帕特农神庙(Parthenon)，铲平一座座古墓，或者在罗马遗址中间开辟道路，因为这些东西不方便搬到博物馆去。人们普遍接受这样的原则：一些考古遗址需要博物馆的处理，而另一些则需要在它们一直所在的地方得到妥善保护。在这方面，工业考古学的遗迹和其他考古学的分支没有什么不同。

到20世纪70年代，人们的观念已发生很大转变，他们认为工业技术遗迹可以带来很多乐趣。人们甚至还认为，一个人会对参观一座18世纪的盐矿、一座维多利亚时代的水厂、一座中世纪的教堂或城堡产生同样的兴趣。实际上，我们要说的是：每个国家或地区都有许多比旅游指南上可能让你发现更有趣的东西。你游览的地方越多，你的旅行就会越有趣。

欧洲的工业化经历了一个极其不平衡的过程，它受到原材料、人口规模、气候和政治压力等方方面面的因素的影响。不管一个国家的历史有多久，如果人们对国家的历史和发展了解得越多，便会愈加发现这个国家的每间工厂、每条铁路和每座船坞是那么的重要。例如自 1945 年以来，匈牙利工业经济增长十分迅速，与此同时兰开夏郡（Lancashire）的棉花产业却以同样的速度走向衰落。目前，它们都保留着自己的工业遗迹，但匈牙利的工业遗迹要比棉花时代的兰开夏郡距离我们更近，因此，很多人会将兰开夏郡棉花工业遗迹视为更值得保护的遗迹。就像我们很难认识到一个设在匈牙利东部的新型钢铁厂具有的价值，但在看到代表该地区经济而建造的水厂后，才慢慢理解这一钢铁厂的工业价值。在每个国家，人们很少会对工业和交通的遗址产生兴趣，因此他们也很少在此浪费时间。但是，对于游客来说，大部分人都会对当地的民居表现出兴趣，他们很自然地想知道这个地方的居民是如何谋生的。那么工业遗迹则有助于回答这个问题。因为工业遗迹既属于技术史，也属于社会史，人们最关心的是磨坊、锻造厂、矿山和隧道，而不只是机器本身。许多工业遗址的保护是在编制系统的清单之前就已开始，毫无疑问这非常有助于确定今后工业遗址保护的优先次序。在美国和欧洲，志愿者对于工业遗址保护所做的努力和怀有的热情是大量遗址得以保护下来的动力，这些工业遗址往往成为国家级的重要文化遗产。

在国际方面，联合国教科文组织世界遗产项目中工业遗产项目数量逐年增加，从英国的铁桥峡谷到玻利维亚的波托西锡矿，再到波兰的维耶利茨卡盐矿，分布在世界各地。国际工业遗产保护委员会（The International Committee for the Conservation of the Industrial Heritage，TICCIH）成立于 1973 年，它提高了人们对工业历史重要性的认识。它已经成为国际工业遗产保护的权威组织机构。

1.3.1 美国的工业考古

在美国,具有国家意义的工业遗址被指定为国家历史遗产,它们由国家公园管理局或各种州和地方组织来保护。例如,美国一个位于宾夕法尼亚州西南部的工业遗产项目是由当地社区发起,旨在纪念该地区的钢铁、煤炭和交通行业对美国工业增长的重大贡献,项目包括遗址地与周围一系列遗产节点。美国东部各州的钢铁工业是其经济发展的一个关键因素,其重要性通过将各种工业建筑指定为国家历史遗产而得到认可。其中马萨诸塞州的索格斯钢铁厂(Saugus Ironworks)和宾夕法尼亚州的霍普威尔(Hopewell)火炉由国家公园管理局管理,因此得到了很好的维护和诠释。另外两个宾夕法尼亚州的火炉被分解成独立结构由州立公园内的绿林和斯克兰顿的州立博物馆单独收藏。

相比之下,亚拉巴马州伯宁厄姆的斯洛斯(Sloss)熔炉则完整地保存了下来,并由市政府负责维护,这是一组非常复杂的构件,建于20世纪20年代。在英国还没有类似的保护案例。在美国,人们对于工业遗产的保护非常积极,他们会毫不犹豫地对一些特别重要的建筑进行大规模的修复,甚至是重建。索格斯是美国第一个综合的大型铁厂,建于1646年,但现在的遗址几乎完全是在广泛的考古发掘的基础上重建的。位于亚拉巴马州的坦尼希尔(Tannehill)熔炉是南部联邦军的武器装备供应商,它早已被联邦军队完全摧毁,但现在已经重建在一个州立公园的中心,甚至现在要重新点火。加拿大工业遗产保护的方式与美国类似,像加拿大第一座铁厂(现为圣莫里斯锻造博物馆)是由加拿大国家公园管理局负责保护。

1.3.2　德国的工业考古

在1939年，可以说在欧洲没有一个国家，包括英国，拥有比德国更丰富的工业遗迹，也没有一个国家比德国更爱护它们。尽管战争年代遭到了广泛的破坏，而且在战后时期对国家资源的迫切需求很大，但这两种说法仍然普遍正确。这个国家的工业种类齐全，具有悠久历史的教育传统，培养了大量受过良好教育的工业家。同时，德国拥有很多世界一流的博物馆，以及有很多关注历史文献的专家，这些因素的融合营造出一种对科学知识无限推崇的学术氛围，这是与其他地区的人们存在的不同之处。德国也比大多数其他国家更早地意识到，许多工业活动会对游客产生吸引力，或许将这些工业遗迹作为旅游开发资源。因此，到德国去的游客可能发现，国家和当地的旅游机构都很清楚地了解这些工业遗迹，它们很容易进入，特别值得一看。

(1)博物馆

慕尼黑的德国博物馆完全致力于工业和技术的历史，是世界上最大、最好的博物馆之一。它的图书馆出版物和展览成为国家工业遗迹保护、记录和研究中心。在1942年至1945年的轰炸中，虽然遭到了严重的破坏，但是修复和翻新工作非常成功。博物馆展出的许多物品规模都非常大，其中包括一组来自席根兰(Siegerland)1800年的重建高炉设备；局部的矿山；黑林山区的镰刀铁匠(1803)；1841年建成的一座完整的印刷车间，在博物馆的花园里，还有一座建于1860年的奥斯特莱斯兰(Ostriesland)非常精致的茅草风车。位于汉堡的阿尔托纳博物馆也有类似的大型展览。他们包括一个造船车间和所有的工具，一个陶工车间，一个磨坊和它的马具,还有一个完整的农舍。

大多数主要的工业企业都有可供公众参观的历史收藏品。其中最大的一个是位于斯图加特—乌德迪尔凯姆的戴姆勒—奔驰(Daimler—Benz)博物馆。斯图加特郊外的巴特坎斯塔特就是戈特利布·戴姆勒(Gottlieb Daimle)纪念馆。戴姆勒住在这里,在他别墅旁边的小花园房子里,他建立了自己的车间,并与威廉·迈巴赫(Wilhelm Maybach)合作,成功开发了一款高速汽油发动机。大众汽车公司在沃尔夫斯堡有一个博物馆,展示了该公司如何从一开始前景不太乐观,发展到目前在世界范围内的重要地位。另一个重要的公司博物馆是大型电气公司西门子的博物馆。它位于慕尼黑普拉纳街 10 号的维尔纳·冯·西门子研究所(Werner von Siemens Institut),里面有维尔纳·冯·西门子室(Werner von Siemens Room),陈列着许多他早期的仪器和发明,比如针形电报机。

(2)交通运河

德国有着修建运河的悠久历史。最早的运河是卡罗来纳运河(Fossa Carolina),由查理曼大帝于 793 年建造,位于雷扎(Rezat)和阿尔特穆尔(Altmuhl)之间,是莱茵—缅因—多瑙河的一部分。另一条修建较晚的皇家运河是路德维希—多瑙河—缅因主运河,是根据巴伐利亚路德维希一世(Ludwig I)的命令修建的,作为班贝格(Bamberg)和克尔海姆(Kelheim)之间的水路交通。这条运河全长 176 公里,有 100 个闸口,花费 10 年修建,在 1845 年正式通航。埃尔兰根(Erlangen)这条运河上最便利与最佳的节点。莱茵河(The Rhine)在 19 世纪和 20 世纪被德国人和法国人开辟了许多运河。其中一条名为巴塞尔—梅兹(Basel—Mainz)的水渠比天然河道缩短了 80.5 千米。与莱茵河平行的阿尔萨斯(d'Alsace)大运河于 1933 年由法国人建成,这使得莱茵河在通往巴塞尔的最后一段河道被废弃了。连接波罗的海和北海的基尔(Kiel)运河在英语翻译中有些被误读,而在德语则有非常准确的名称为“北波罗的海海峡”(The Nord Ostsee Kanal),因为它在基尔北部流经相当长一段距离。这一运河建于19世纪90年代,为联系基尔和北海的海军基地提供了一条快速和安全的通道,它也间接影响了普鲁士(Prussian)帝国势力的增长以及制海权的控制。尽管它是由战争发动者修建的,但是现在每天运河上穿梭的船舶比世界上任何其他运河都要多。它的长度为98.2公里,但没有出现任何特殊的工程问题,与其说它属于技术史,不如说它属于海军史。虽然波罗的海和北海处于同一水平面,但北海的潮差太大,因此需要设置海闸。

(3)桥梁与隧道

德国有许多古老的桥梁。其中许多是完整的重建物,因为很大一部分是在战争中遭到完全的摧毁和破坏。作为中世纪桥梁建设的典型案例,我们可以以萨尔州(Saarland)弗斯特(Furth)的奥斯特石桥为例,它建于1200年,设有四个拱门和一条3.3米宽的道路。后来到15世纪,在克罗伊茨纳赫(Kreuznach)地区建造另一类型的桥梁,为纳赫布鲁克桥(Nahebrucke),桥上建有一些四层楼高的房屋,并在桥梁两侧伸展出来。在符腾堡州(Wurttemberg)的施瓦本格明德府第(Schwabisch－Hall),有一座木制的人行桥梁(在1790年修复过一次,二战后再次修复)。第三种是建在凯腾斯泰格(Kettensteg)的一座铁制吊桥,于1836年建造,跨度34米,道路宽度2米。另一座建于18世纪的带有顶架的桥德国南部的昂特雷根巴赫(Unterregenbach)。它在1950年进行过修复。在罗腾堡(Rothenburg－an－der－Tauber)有一座奇特的双层桥,它的下一层建于1330年,上层建于1400年,两层都是石头材质。许多建于19世纪的著名桥梁都成为战争中轰炸目标,也成为受害者。其中最著名的两座桥梁分别是:位于凯尔(Kehl)的莱茵河上的铁路桥,另一座是位于科布伦茨(koblenz)的莱茵河桥。凯尔桥是一座桁架桥,有两条轨道,由本基瑟(Benkiser)和凯勒(Keller)于1858至1860年为巴迪舍国家铁路公司(Badische Staatsbahn)建造。桥梁的两端都被设计成类似于哥特式教堂的柱廊。位于科布伦茨的莱茵河大桥是一座优美的三孔铁桥,比凯尔桥稍晚一些,建于1862至1864年。它是由哈特维奇(Hartwich)和哈特科特(Harkort)建造的一座铁路桥,但后来被改造成公路桥。还有精美的恺撒一威廉布鲁克(Kaiser－Wilhelm Brückc)大桥,横跨威廉港内港,是欧洲最大的摇摆桥之一。该桥梁1909年通车,有一条车道和两条人行道。

一条位于汉堡易北河(Elbe)下的隧道具有显著的建筑和技术特点。它建于1907至1911年之间,离圣保利(St Pauli)码头不远。隧道两端的入口已成为纪念性的工业遗址。隧道有两条独立的隧道,每条隧道内壁是由混凝土砌筑,表面是意大利锡釉陶瓦饰面并嵌有陶瓷装饰代与浮雕。圣保利码头与这一隧道同时建造,建于1907至1909年,也被列入工业遗址。隧道中心部分在战争中也被炸毁,但现已修复到原来的样子。

(4)码头与铁路

在汉堡一个叫作贝恩·诺伊恩·克拉恩(Beim Neuen Krahn)的码头上,那里有一架著名的中世纪风格的起重机,它的挺杆是从一个圆形的亭子里伸出来。它被称为汉堡起重机,于1858年建造,它投入使用之后便取代了旧有的木制起重机,其实它们设计得非常相似,但这台木制起重机现已被拆毁了。在维尔兹堡(Wiirzburg)和特里尔(Trier)也可以看到保存完好的同类起重机的早期实例。特里尔起重机建于1413年,它的载重量可达2500千克,但这可能远远低于它最初的载重量。建于1722年的维尔茨堡起重机(Wurzburg Crane)有两架挺杆,其中较大的一架的起重能力为2000千克。

德国的铁路系统在1939至1945年间的战争中遭到了严重的破坏,所有的主要火车站都无一幸免。德国现存最古老的火车站位于不伦瑞克(Brunswick),由卡尔·西奥多·奥特默于1843年至1844年建造。现今,它早已不再用作车站,在1960年被巴迪舍国家铁路公司买下,在战后对其进行了修复,并成功地将其转换为新的用途。伍珀塔尔(Wuppertal)的高架铁路,车厢悬挂在铁轨上,这是德国铁路工程中非常有代表性的项目。它建于1901年,在二战中幸存下来,基本上是完整的。

(5)采矿

德国有很多东西可以提供给对采矿历史感兴趣的人。在威斯特法利亚(Westphalia)的波兴(Bochum)和萨尔州(Saarland)的贝克斯巴赫(Bexbach)都有矿业博物馆。也许对游客来说最有名的矿区是位于哈尔茨(Harz)的圣安德瑞斯堡(St Andreasberg)的萨姆森(Samson)银矿,它建于1521年,到1910年被关闭。矿区中外部的设施是可以参观的,包括木制的通风井;相邻的绳索水平巷道或运输道路;由一个突出的水轮驱动蓄电池室,水轮装有两个相对的桶环,允许水轮向任何方向转动。

哈尔茨和鲁尔地区银矿井的排水系统曾出现了严重的问题,不仅在矿井排水方面,而且在其他地方也出现排水问题。为了解决这个问题,人们修建了一条长长的水渠,其中经常涉及大量的挖掘工作。在鲁尔塔尔(Ruhrtal)的埃森—哈登斯坦(Essen—Hardenstein)就可以看到一个很好的例子,即圣约翰内斯排水运河,全长3170米,于1804年竣工。随着蒸汽驱动泵和电动泵的出现,以及采矿活动向北部平原转移,这条排水运河已经不再使用了。

① 煤矿

鲁尔地区从14世纪起就开始采煤,在18世纪80年代,为了满足乌纳(Unna)地区新盐场的需要,鲁尔地区采煤产量大幅增加。当煤炭开始广泛用于炼铁时,采煤作业的规模发生了变化。鲁尔地区仍有许多19世纪中期的采矿企业的遗迹,其中包括埃森—阿尔滕多夫、波鸿和埃森—博尔贝克的井口建筑。阿尔滕多夫井深530米,波兴南部的普鲁士时代坑(Preussich Szepter)可追溯到1874年,长达150米;而位于埃森—博尔贝克的克里斯蒂安·莱文坑则可以追溯到1843年。从内部看,坑口建筑已经有了很大的改变,但从外部看,它们仍然是一个世纪前的样子。

② 盐矿

自17世纪以来,盐在巴伐利亚州和符腾堡州被广泛开采。贝希特斯加登有一个著名的可以参观的盐矿,附近的罗森海姆、巴德赖森霍尔和特劳恩登也有盐矿。这组巴伐利亚盐矿由一条管道连接在一起,将盐水从一个中心输送到另一个中心,以满足生产和烘干过程的需要。赖森霍尔有两个大水轮用来抽盐水,每个直径13米,建于1835年。目前,巴特雷森霍尔的阿尔特盐湖(旧盐厂)已成为开放的工业景区,他们为来此参观的游客提供防护服。

③ 铁矿

鲁尔铁业的历史可以在埃森市(Essen)的鲁尔兰博物馆里找到。在工业上,它的历史并不长。1758年,位于奥伯豪森—斯特克拉德(Oberhausen—Sterkrade)的安托尼(Antoni)铸造厂建造了该地区第一家使用木炭作为燃料的生铁工厂。1799年,第一台蒸汽机沃瑟昆斯特(Wasserkunst)在波兴附近的沃尔蒙德(Vollmund)矿坑建成。第一座高炉于1849年在穆尔海姆(Mülheim)投入使用，使用的是鲁尔煤制的焦炭。

鲁尔的大部分历史都体现在古老的铁厂——埃森－沃克拉姆的卢瓦森胡特(Luisenhutte)。这是一个非常古老的炼铁厂。1833年至1834年重建了工厂，并扩建了电炉。1854年，电炉的动力改由蒸汽机，不再是水车动力。1935年，许特(Hütte)铁厂的经营状况很差，厂主已无力维护它，于是便以99年的租约把它交给了地方当局，条件是他们必须修复它，并向公众开放。为了实现这一目标，德国工程师协会发起了一项呼吁，工程最终于1958年完成。

许多18世纪的锻造厂在德国保存下来，用的是水动力的锻压机。保存较好的锻炉是位于埃森－玛格利特(Essen－Margarethental)。在埃森还有关于克虏伯(Krupp)公司的历史藏品。它是胡格尔(Hügel)庄园的一部分，也是克虏伯家族的故居。这些有趣的收藏大多由文件、照片和模型组成。

德国早期大部分与公共设施(水、气、电)有关的建筑物和工厂在战争中被严重破坏或摧毁。例如，位于格拉斯布鲁克(Grasbrook)河畔的汉堡煤气厂，是在德国率先使用煤气为街道提供照明的地方。该工程于1844年由英国工程师建造，汉堡街在1845年10月首次使用煤气照明。而伦敦(1814年)、巴黎(1815年)和维也纳(1817年)的燃气照明则要早得多。目前，格拉斯布鲁克煤气厂的建筑物和储气罐以成为海港的著名地标，只有储气罐在1951年时被重建，而其他建筑物的废墟已被清除，取而代之的是天然气和石油的现代设备，而不再是煤炭。

位于汉堡的罗腾堡索特(Rothenburgsort)自来水厂就幸运多了，虽然它们已被废弃，但是却作为工业纪念物被保存下来。该水厂建于1849年，由英国工程师W·林德利(W. Lindley)的设计，于1833至1835年和1903至1909年进行了两次扩建。水厂中的水塔非常与众不同已成为重要标志物。

1.3.3 法国的工业考古

法国的工业发展一直表现出两种较为明显的特征：一是由国家组织和提供的优秀高等技术培训制度，一是对生产资料私有制的强烈支持。尽管家族企业在现代经济中存在明显的缺点，但它仍继续主导着法国工业。然而，法国的家族企业与欧洲西北部其他国家的家族企业有一个重要区别。法国的工业企业，除了极少数的例外，几乎没有感到有义务去保护它的工业历史遗迹，就像在德国或瑞典那样。也可以说，这些企业的公共责任意识发展得较差。因此，企业博物馆在法国非常少见，即使有一些企业有这样的意识，但也很可能只是现在产品的陈列室。总的来说，法国人对传统工业与工业的历史几乎都没有什么感情，除了某些方面——比如葡萄酒和瓷器，他们认为这些工业产品也都可以用钱换来的。特别是自1945年以来，采矿和制造业的规模有了很大的增长，许多曾经存在的旧工厂都被拆除了。例如，如果去游览洛林、斯特拉斯堡或波尔多的部分工业区，与游览东欧的新工业区完全不一样。所有的东西都很大，都是最新的，除了博物馆，几乎没有保留任何关于过去的证据。

在法国的高级工程师和项目经理是很受欢迎的职业，也能获得高薪。土木工程在法国很早就被认定为一种职业；庞特和乔西工程公司成立于1716年，到1747年，它有了自己的学院——庞特和乔西学院。第一学院的主任是伟大的桥梁设计师提恩·佩洛内(Tean Perronet)，他的作品包括塞纳河上的依维利桥(Iveully)，采用斜角拱顶设计，这一设计被英国工程师泰尔福特·托马斯(Telford Thomas)在为格洛斯特(Gloucester)附近地区设计的桥梁中所借鉴，这座桥梁至今仍在使用中。提恩·佩洛内设计的桥梁还包括圣马克森斯桥和巴黎的协和桥（建于 1791 年）。巴黎综合理工学院是法国培养高级专业工程师的重要机构，是由 1792 年的国民大会所创立的大革命的产物。

（1）博物馆

在巴黎有两个国家博物馆涉及了工业和技术历史的领域。其中之一是位于圣马丁街 292 号的国立艺术学院（Conservatoire National des Arts et Metiers）的一部分，该学院是根据 1794 年的公约建立的。它组织晚间的科学和技术课程，操作测试和控制实验室，并经营一个博物馆（在 1802 年开放），在那里用模型、机器原件、图纸和照片来展示技术的进步。另一个是大众艺术和传统博物馆（Palais de Chaillot，Place du Trocadero）有一个很大的区域专门研究早期的制造技术，即工艺部。目的是在前工业时代的手工艺最终消失之前，对其进行系统化的研究，收集不同制造阶段的工具和产品。

法国有一个高度整合的博物馆系统，这是其他地方所没有的。卢浮宫博物馆馆长也具有法国博物馆馆长的头衔，他在世界文物保护方面拥有相当大的权力。部分原因是博物馆从事的是非常专业的工作，尽管一些具有显著建筑价值的工业纪念物有时会被收藏在博物馆中，但人们仍倾向于认为，不能放在博物馆里的东西几乎不值得保存。

（2）桥梁与高架渠

法国最早的工业遗迹是位于尼姆附近的加尔桥（Pont－du－Gard）。它受到了国家最严格的保护。加尔桥建于公元前 18 年，在阿格里帕（Agrippa）的命令下建造的，它是罗马时代精巧的供水系统。这座雄伟的拱形桥架着水渠横跨在加德河上。加尔桥是世界上最伟大的工程奇迹之一，有三层，高约50米，全部使用当地的石灰岩建造，拱门的石头切割得非常完美，不需要任何灰浆来保持它们的位置。

1843年在普罗旺斯(Provence)的地狱之谷(Infernet)修建的左拉水坝(Zola Dam)，虽然与加尔桥(Pont－du－Gard)的级别相差甚远，但仍令人印象深刻。它是为普罗旺斯的艾克斯提供水源。在法国比较现代的高架桥中，特吕耶尔河(Truyère)上的Garabit高架桥很有特色，它是按照古斯塔夫·埃菲尔(Gustave Eiffel)1885年的设计建造的，中心跨度为164米。还有位于埃维隆的维奥尔高架桥(Viaur viaduct，1898年)，有219米的拱门，是法国第一座由钢铁建造的大桥。世界上最早的混凝土桥梁之一是赫内比克(Hennebique)设计的著名夏特勒桥(Pont de Chatellerault)，它可以追溯到1898年。

(3)运河与码头

法国是建造运河的先驱。连接卢瓦尔河和塞纳河的布里亚雷运河(Briare Canal)于1642年竣工。勃艮第运河(Burgundy Canal)于17世纪上半叶开凿，它径约纳河(Yonne)至索恩河(Saône)，有189个水闸。然而，17世纪最伟大的成就是朗格多克运河(Languedoc Canal)——通过加隆运河连接大西洋和地中海的米迪运河(Canal du Midi)。由皮埃尔·保罗·德里凯设计，历时15年建成，1681年通航，长290公里，宽80.4米，深1.8米，从图卢兹开始，在阿格德附近结束。米迪运河有65个水闸和一条隧道穿过纳莱泽山口。

在19世纪末，它被米迪铁路公司买下，是为了将交通分流到铁路上。后来，它一直处于破损欠修复的状态，最终在1898年被政府收购。尽管后来政府投入了大量资金进行修复，但它仍然只有1.8

米深,并不能用于商业运输。

通往瑟堡(Cherbourg)的铁路是为了提高港口作为海军基地的效能而修建的。瑟堡的码头和兵工厂由路易十四建造,并由路易·拿破仑完成。该项目的一个重要部分是由德赛桑特(de Cessant)设计的迪格中央(Digue Centrale)防波堤。这一防波堤的建造采用了一种非常巧妙的方法,即建造了21座塔,形似被截断的圆锥体,由橡木和山毛榉木为材料制成。这些塔里面填满石块,然后沿着防波堤线漂浮到指定位置。木制的圆锥体逐渐被昆虫侵蚀掉,不到四年就消失了,但之后里面的石头就会落到了它们的天然斜坡上,形成永久性防波堤的核心。防波堤有4.8千米长,但直到1853年才完工。

法国最独特的海岸遗迹之一是吉伦德河口(Gironde Estuary)的科都安(Cordouan)灯塔,它靠近罗安岛(Royan)。这座16世纪的建筑坐落在一个小岛上,其精美的房间最初完全是为供家庭使用而设计的,在路易十五统治时期,人们才在建筑上加上灯塔。科都安灯塔的建筑师是路易·德·富瓦(Louis de Foix),他也设计了马德里附近的埃斯科里亚尔宫(Escurial Palace)。

(4)铁路

在法国,并没有成立展示传统交通工具的专题博物馆,也没有国家交通和铁路博物馆。马拉科夫博物馆(Association pour le Musee des Transport Urbains,Interurbains et Ruraux)在一定程度上填补了这一缺口,该博物馆位于巴黎郊区马拉科夫的一个旧电车站内,每月的第一个周日对外开放。

在法国的现代化进程中,一些宏伟的火车站建筑经受住了现代化的考验。巴黎的奥赛火车站(Gare d'Orsay)不幸被关闭了,但华丽的里昂火车站(Gare de Lyon,1895)幸存了下来,还包括一间精致的餐厅。利莫日(Benedictin)火车站是欧洲最好的铁路建筑之一,它是一座由白石建造的雄伟宫殿,钟楼和中央穹顶建于1929年。车站前面的公园和湖泊与车站完美地结合在一起。另一个不错的车站是梅茨车站,建于1902年。

法国第一条重要的铁路是巴黎到鲁昂(Paris—Rouen)的铁路,然后到勒阿弗尔(Le Havre),是由英国工程师约瑟夫·洛克(Joseph Locke)和英国承包商托马斯·布拉西(Thomas Brassey)建造的,主要是由英国工人建造。全长93.3千米的鲁昂—勒阿弗尔段于1843年完工,隧道、高架桥和路堤几乎是同时建成的,建造过程中建设者们面临的最大挑战就是带有坡度的铁路段。这段铁路中最伟大的纪念物是巴伦丁高架桥,距离鲁昂19.3千米,它有27座砖砌拱门,高30米,每座跨度15米。在布拉西建造的其他法国铁路中,包括有奥尔良—波尔多(1842—1850)、巴黎—瑟堡(1852—1855)和里昂—阿维尼翁(1852)三段铁路线。

(5)葡萄酒产业

法国工业的种类非常广泛,正如一个国家的人们希望拥有丰富的气候和自然资源一样。例如,人们知道在法国北部和东部有煤炭,在西南部有烟草工厂和烟草种植,在孚日山脉(Vosges)地区有玻璃加工厂,在南锡(Nancy)周围有啤酒厂,在鲁昂(Rouen)以西的山谷有纺织品,在塞夫尔(Sevres)和里摩日(Limoges)以瓷器著称。它们都有自己的工业历史遗迹。然而,人们通常所做出的选择或许自然而然的会对葡萄酒业给予特殊关注,一部分原因是其悠久的历史和对经济重要性,另一部分原因是葡萄园成为法国风景园中重要的组成部分。许多葡萄园都是非常古老的,它们本身就已成为法国旅游指南中所建议参观的重要纪念物——葡萄酒之路。当然在旅游指南中还包括很多规模小很多的工业纪念物。在埃佩尔内(Epernay)和莱姆(Rheims),都有挖到白垩层的酒窖,葡萄酒在那里雅致地陈酿,这些酒窖对公众开放。在塔尔蒙特(Talmont)附近的梅切尔(Meschers),查伦特一马海区(Charente－Maritime),人们可能以为这里是古老的酒窖,但实际上,这里以前是采石场,现在则被巧妙地改造成了餐厅。埃佩尔内的佩里耶庄园(Château Perrier)还有一个极好的博物馆,专门介绍香槟葡萄园和酿酒的历史,即香槟文化博物馆(Musee du Vin de champagne),而梅西埃酒庄博物馆(Champagne Mercier Museum)则收藏了一批早期的红酒压榨机(Musee de Pressoirs)。然而,在科涅克上等白兰地之乡的普瓦图(Poitou),却没有一家酒类的博物馆。

(6)造纸与纺织

在特鲁瓦(Troyes)镇上的历史博物馆——特罗耶斯历史博物馆(Musee Historique de Troyes),有一个单独的部分来展示袜子和针织行业的历史(Museé de la Bonneterie)。特鲁瓦是法国针织行业的中心,1745 年,第一台织袜机诞生。博纳特里博物馆(Musee de la Bonneterie)收藏了众多的 18 世纪和 19 世纪的精美藏品,其中第一台织袜机也在其中。

(7)铁矿与采煤

默兹河(Meuse)流域从色丁(Sedan)到阿登(Ardennes)地区的吉维(Givet),从中世纪开始就有了铁工业,利用当地丰富的木炭和来自默兹河支流的水力。像诺夫—钢铁厂(Neuve－Forge)和维耶—钢铁厂(Vieille－Forge)这样的地名纪念了这个古老的工业。然而如今,法国的钢铁工业几乎成了洛林(Lorraine)的同义词。

洛林的铁矿储量与西伯利亚的库尔斯克和美国的苏必利尔湖并列世界第一,使法国成为第三大铁矿石生产国。然而,洛林铁矿一直到 1878 年才开始开采,直到托马斯的发现,才使含磷的矿石得以释放，而到目前为止，含磷矿石已经不能使用了。洛林煤田的情况也大致如此，那里的地面设备极其现代化。然而，在卢瓦尔省的圣艾蒂安，在法国最古老的煤矿区，有一个极好的采矿博物馆(Musée de la Mine)，它包括两个全尺寸的矿道，一个是老式的，另一个是现代的。钢铁工业在南锡也拥有自己的博物馆，是一个大型的精心筹划的费尔历史博物馆(Musée de l′ Histoire de Fer)，于1966年开放。博物馆是在一个全新建筑，从一开始就是作为一个钢铁历史的博物馆设计的而不是简单的介绍钢铁产业。

(8)建筑工程材料——混凝土与钢架结构建筑

法国工程师和建筑师对建筑技术的发展做出了卓越的贡献。弗朗索瓦·亨内比克(Francois Hennebique)设计的位于查泰莱罗特(Chatellerault)钢筋混凝土桥梁就是重要的代表案例。早在1895年，这位建筑师就在图尔昆建造了纺纱厂，这是世界上最早使用钢筋混凝土结构的建筑之一。另外两个开创性的钢筋混凝土建筑是由弗雷西(Freysinnet)设计并于1916年完工的奥利飞艇机库，以及奥古斯特·佩雷特(Auguste Perret)设计的位于巴黎方迪厄街的著名车库(1905年)。另一座在建筑史上占有至高地位的工业建筑是位于缅因州的诺伊西尔(Noisiel－sur－Maine)的梅尼耶(Menier)巧克力工厂。它建成于1872年，建筑师是朱尔斯·索尼尔(Jules Saulnier)，它是第一个所有尺寸的建筑都使用铁框架。

1.3.4 荷兰的工业考古

荷兰是欧洲人口密度第二高的国家。这种巨大的空间压力意味着每一平方公里都要物尽其用，不允许浪费，持续的现代化和重建是不可避免的，即使不是战争轰炸的原因。旧的工厂不太可能幸存下来，除了风车，它们仍然以低廉的成本运行着，并且作为一个具有经济价值的重要旅游景点。这些风车与排水渠成为“典型的荷兰景观”中最重要的元素。

(1)博物馆

荷兰有很多博物馆,其中很多都是关于该国工商业史的。乌得勒支(Utrecht)的铁路博物馆(内德兰·斯波韦格博物馆,琼·范·奥尔登巴内韦特兰6号)是根据其第一任管理者范·沃罗滕(G. W. van Vloten)的收藏品于1928年建立的。1951年,它搬至马里班(Maliebaan)车站,这里曾是阿姆斯特丹—希尔弗萨姆—乌特勒支线的终点站。马里班车站在战争中遭到严重破坏,为了新的使用功能而进行了修复。铁路博物馆由威特(Weert)的荷兰电车博物馆扩建而成,国家汽车博物馆位于德里伯根(Driebergen),在阿姆斯特丹史基浦(Schiphol)机场有国家航空博物馆。

位于代尔夫特豪斯·兰伯特·范·梅尔腾博物馆(Huis Lambert van Meerten Museum)专门收藏代尔夫特陶器以及瓷砖,代尔夫特陶瓷工业在18世纪几近消失,但在19世纪晚期略有复苏。位于里丹(Leerdam)的国家玻璃博物馆同样收集与记录着玻璃行业发展的历史。位于斯希丹(Schiedam)的市立博物馆整合了国家烈性酒博物馆,并有展示杜松子酒产业历史的专门展厅。鞋和皮革工业国家博物馆在瓦尔威克(Waalwijk),荷兰纺织博物馆在蒂尔堡(Tilburg)。在荷兰没有专门的矿业博物馆,但霍斯布鲁克的博物馆有一个专门的部分作为矿业历史的展览。

在荷兰,一般大型的工业企业都设有很好的博物馆。其中包括位于埃因霍温为电气和电子行业提供服务的飞利浦公司(Philips at Eindhoven),以及为钻石行业服务的阿姆斯特丹范·莫佩斯(van Moppes)公司。从1580年开始的三个世纪里,阿姆斯特丹垄断了世界的钻石贸易,但最终被南非钻石的发掘和比利时钻石贸易的兴起所打破。大约1820年后，阿姆斯特丹钻石行业的组织发生了巨大变化，钻石的切割和抛光都集中在工厂里，到1840年，这些工厂的大部分机器都开始使用蒸汽机驱动的。1875年，大卫·列维·范·莫佩斯(David Levie Van Moppes)买下了米登兰(Middenlaan)的16号种植园，在那里建了一个大型钻石加工厂。工厂为四层砖砌建筑拥有巨大的窗户，为钻石切割工和抛光工提供了最佳的工作条件，顶层上还设有天窗。这家公司现在叫作莫皮斯·佐恩钻石产业公司(N. V. Diamant lndustrie A. Van Moppes & Zoon)，公司里设有一座博物馆，包括一个展厅和一个工作室。

(2)风车

1850年荷兰已有9000个风车，现在大约2000个仍在运行中，特别是在扎安(Zaan)地区。荷兰的风力比英国东部更强、更稳定，因此这里的风车动力与蒸汽机相比更具有竞争力。

风车工业在荷兰具有十分重要的地位，风车甚至是荷兰国家的象征。这一点从1952年荷兰风车发电基金会在荷兰风车协会(Vereniging de Hollandse Molen)的倡议下成立就可以看出。这一基金会的成立使得许多风车获得了新生，其中包括荷兰北部沃恩·佐夫(Werversl zoof)风车，乌得勒支省(Utrecht)韦斯伯克(Westbroek)风车，以及由精美茅草装饰的泰瑟尔(Traanroeier)风车，它最初建于1727年的赞丹(Zaandam)，后来在特塞尔岛(Texel)上又重建了一个。泰瑟尔(Traanroeier)风车在1965年开始发电。

在赞丹以北6.4千米的桑斯安特风车村(koog aan den Zaan)有一个非常好的风车博物馆。这里收藏着扎恩斯风车保护协会(Zaanse Society for the Preservation of Windmills)的藏品，其中的风车主要来自1925年成立的扎恩区(Zaan district)。一层是磨坊模型和与造纸有关的展品，而上层展示的是用于磨坊的建造和工作的手工工具和设备。著名的粉色油坊就在这里，其下半部分可追溯到1620年，上半部分在1751年重建，而芦苇茅草屋大约有80年的历史。直到1933年，粉色油坊一直在正常生产，并于1939年作为示范工厂进行了修复。在不远处的赞丹，有一座露天博物馆，名为赞单风车村(De Zaanse Schans)，里面收藏了扎安的木结构建筑，既有房屋，也有风车。

最著名的风车景观是在金德代克/小孩提防(Kinderdijk)，那里有19座风车在一个相对较小的区域内。其中8座建于1738年，9座建于1740年，还有两座稍晚一些。它们已成为著名景点为游客提供观赏，所以景区的风车磨坊会在每年7月和8月的周六下午开动运转向游客展示。斯希丹(Schiedam)有两个著名的风车，德里·科伦布鲁门风车建于1770年，位于旧港口的尽端，至今仍在运转。另一个风车是沃尔维奇(Walvisch)有30多米高，是世界上最高的风车。

位于阿纳姆(Arnhem)的露天博物馆(Het Nederlands Openluchtmuseum)保存了许多风车和水车。其中包括：马汀奥吉斯水力造纸厂(建于17世纪早期)，1933年从格尔德伦(Gelderen)的维卢韦(Veluwe)移到该博物馆。同样在阿纳姆还有来自多德雷希特(Dordrecht)的Paltrok锯木厂，这里有1592年荷兰发明的锯木机，使用锯木机处理从波罗的海进口的木材可以比老式手工锯锯得更快、更便宜。这个风车安装在滚轴上，通过转动以适应风力。阿纳姆的藏品还包括17世纪早期来自代尔夫特的博文克鲁伊(Bovenkruie)谷物磨坊。

雷登(Leiden)的德瓦尔克(De Valk)风车博物馆中有一个磨坊设计师的车间，部分碾磨工的房间和平面图纸和记录不同类型风车其他形式的文件。在洛嫩(Loenen)有一个水动力的风车(Achterste Molen)一直在运行,该风车由附近的现代造纸厂厂主切尔特利(H. R. Schert)先生所有。

(3)酿酒

酿酒是荷兰的一个重要传统产业,但今天大多数的酒厂建筑都很现代化。在阿姆斯特丹,阿姆斯特尔(Amstel)啤酒厂于1870年在它现在的位置上建立了第一个工厂,但是很少有原始建筑的痕迹。另一家著名的啤酒厂喜力(Heineken)啤酒也是如此,它于1968年收购了阿姆斯特尔啤酒。喜力啤酒于1868年在阿姆斯特丹成立,也是荷兰最古老的啤酒厂的大股东。在多得莱希特(Dordrecht)德·斯库特尔(De Sleutel)酒厂,它的历史可以追溯到1433年,那里有一些19世纪中期的建筑,这里只酿造黑啤酒。历史上,喜力啤酒最有趣的特点是它的酵母,这是一种最古老的纯酵母培养物,没有掺杂其他任何成分,因此可以被任何啤酒厂使用。在19世纪80年代,喜力听从了巴斯德的建议,用精选的酵母细胞进行了纯培养,从1886年就开始使用了,参观酿酒厂的人应该重点去了解一下,进行实地观察。

(4)圩田排水

荷兰的大部分历史都与水的斗争有关。风车是防洪运动的重要组成部分,如果没有风车,今天的荷兰大部分土地将不复存在。然而,为了排干圩田的水,并将这些大片土地变成国家可用土地序列中,需要更强大的机器。这类的第一个主要工程涉及哈勒默米尔河(Haarlemmermeer),它最终在1852年被排干,史基浦机场用地也是其中的一部分。哈勒默米尔河的排水是由三台英国制造的蒸汽动力的泵机完成的,其中一台是克鲁克修斯(Cruquius)蒸汽机,它保存在哈勒姆(Haarlem)附近的维吉福曾(Viifhuizen),并已成为一座专门展示圩田排水历史的博物馆，这一博物馆的一部分在旧锅炉房里。克鲁基乌斯(Cruquius)站于1849年建成，由海伊尔的哈维建造的350马力的发动机一直工作到1933年，并由于皇家工程师学会的争取而得以保存。恩奎曾(Enkhuizen)的须德海(Zuiderzee)博物馆是一个更大的博物馆，在那里人们可以了解到排水系统的故事，尽管它没有像克鲁克修斯引擎那样壮观的展览。

(5)运河与海港

荷兰最重要的现代运河是北海运河，全长24.1千米，于1876年开通。它使阿姆斯特丹得以在伊穆伊登(Ijmuiden)入海，从而恢复了城市的繁荣。它是世界上最大的船舶运河之一，水深约15.2米。伊穆伊登现在是荷兰主要的渔港，也有相当大的货运流量，它于1890年建成，完全是新运河发展的结果。最初的大坝，名字来源于阿姆斯特丹名字的一部分，建于13世纪，是为了给小阿姆斯特尔和艾河的南岸提供一个避风港。现在大坝变成了一个宽阔的广场，以成为城市的中心。

荷兰的商业历史大多与运河有关，几个世纪以来，修凿运河一直是一项巨大的投资。建于1866至1872年，将纽威河(Nieuwe)修通至荷兰湾(Hook of Holland)就是一个很好的例子。为了解决老运河中泥沙淤积的问题，从鹿特丹(Rotterdam)到北海河口初建时只有3米深，但现在已经被扩大好几倍，在这个意义上老运河在多年前就已消失了。

荷兰的港口和海港设施几乎都是新建的，一部分是由于政府的政策，另一部分是由于第二次世界大战期间的破坏。唯一的例外是位于阿默斯福特(Amersfoort)的老港口哈维克(Havik)。在阿姆斯特丹的运河沿线，人们可以看到许多旧式仓库，在建筑的中央装有起重机，但在保留的建筑群中，现代的建筑只是很小的一部分。

(6)铁路

总的来说,荷兰的铁路造价低廉也易于建造,因为土地平坦,几乎不需要隧道或复杂的桥梁和高架桥。唯一的例外是古勒堡(Gulemborg)附近的大桥(1868 年),它横跨莱茵河,全长 670 米。它在战时损坏后已被修复。

荷兰最雄伟也最重要的车站是阿姆斯特丹中心车站,它是为了取代旧阿姆斯特丹的威廉斯普特(Willemspoort)车站而建的,它于 1889 年开放。荷兰现存最古老的车站建筑是位于马斯特里赫特—亚琛铁路线中的瓦尔肯堡(Valkenburg)城堡型车站,它可以追溯到 1853 年。

(7)采煤业

荷兰的林堡(Limburg)地区拥有庞大而高效的煤炭产业,但那里几乎没有发现任何考古方面的东西。尽管中世纪的采煤规模很小,在 19 世纪 90 年代之前,也没有进行过大规模的开采,但是却已经建立了一种新型的私人与国家共有的采矿区。1906 年,第一批国有煤矿开采出的煤炭是来自威廉敏纳(Wilhelmina)煤矿。其他的国有煤矿规模都非常大,包括有艾玛(Emma)煤矿(1911 年)、亨德里克(Hendrik)煤矿(1915 年)和莫里茨(Maurits)煤矿(1930 年)。莫里茨是欧洲最大的煤矿。林堡煤田之所以具有历史意义,主要是因为它开创了欧洲国家对煤矿的所有权和煤炭开采技术的方向,其象征是位于海尔伦(Heerlen)的雄伟的国家煤矿总部。

工业考古学实际上是一种研究人类历史时期的方式,使用所有可获取的资料,而不仅仅限于文献资料。工业时期的研究范围并没有严格的定义,因为总有一些行业比其他行业会更早出现工业化,但是考古学家的确是往往更加关注机器化生产和资本化工厂制造商品的生产方式而不是家庭作坊或手工制造的方式。然而，工业化生产方式也并不完全是由工厂生产，有许多产品仍是在家庭作坊中生产，但这通常由工厂主支配，如手工编织或制钉。工业考古学的本质是对现存实物的研究，但这是通过使用各种其他资源来加强的。同时需要承认的是对人类工业活动的研究使得工业考古学比起其他类型的考古学来说更有优势，在其他时期考古学研究中扮演重要角色的政治和宗教信仰研究，也许最好是留给研究工业时期的历史学家。促使工业考古学学科产生的是对实物遗迹保护的关注，因为工业遗迹被破坏的速度如此之快使得工业考古学家不得不比研究其他时期的考古学家更关心保护运动。在欧洲和美洲都建立了工业遗产保护清单，这是由于必须在资源稀少的时候确定优先次序。但是工业考古学是一门学科，在过去的几十年中已经发展成熟，它超越了工业遗迹的范畴，不仅考虑到它在技术和经济方面的重要性，而且考虑到它作为改变人类关系所象征的文化意义。

1.4　我国工业考古的概况

在欧美国家工业考古学持续发展的20世纪60、70年代，我国的工业化正值发展探索阶段，对当时国际上出现的这一新潮流并不了解。20世纪90年代起，随着我国经济体制改革的逐步深化，经济转型和产业结构调整以及城市化建设的进程进一步加快，我们也遇到了欧美国家三四十年前面临的同样问题：如何面对淘汰的工业设施？许多城市出现了一批批被认为淘汰的工业建筑与生产机械设备等，这不可避免地遇到了如何处理工业废弃地与工业厂房以及旧工业机器设备等问题。国内对近代工业遗迹保护的实践和研究起始于20世纪90年代中后期，首先是民间有识之士对地方工业区和仓库用地的改造和旧工业建筑改造再利用等项目。2006年4月18日，由中国古迹遗址保护协会、江苏省文物局和无锡市文化局联合举办的“中国工业遗产保护论坛”在无锡召开，会上通过了《无锡建议——注重经济高速发展时期的工业遗产保护》，同年6月由国家文物局正式发布，成为中国工业遗产保护、研究的纲领性文件，也是我国开始工业遗产研究工作的重要标志[①]。2010—2015年，在国家文物局、住建部、工业和信息化部等系统下工业遗产研究和保护的相关工作组织和机构逐步建立，开展工业遗产主题活动，发布了一系列文件或宣言。2015年《中共中央关于制定国民经济和社会发展第十三个五年规划的建议》[②]中提出“推动东北地区等老工业基地振兴”，2016年发布《中共中央国务院关于全面振兴东北地区等老工业基地的若干意见》，传统老工业基地转型升级成为热点。2016年12月，工业和信息化部中国工业遗产联盟的成立，进一步推进了工业遗产保护、发展工业文化产业、传承精工文化。2017年12月工业和信息化部公布了“国家工业遗产名单(第一批)”，共11处，并开始着手全国范围的工业遗产和工业博物馆的调查工作。2018年1月，中国科协创新战略研究院、中国城市规划学会联合公布“中国工业遗产保护名录(第一批)”100家

① 阙维民.国际工业遗产的保护与管理[J].北京大学学报(自然科学版)，2007,43(4):523－534.

② 中共中央关于制定国民经济和社会发展第十三个五年规划的建议[EB/OL].[2015－11－03]http://www.gov.cn/xinwen/2015－11/03/content_5004093.htm

工业企业，建立了工业遗产与发明创造，工业遗产与发明家、实业家的关系。此后，国内对工业遗产保护的研究日趋高涨。目前已有的研究成果主要涉及对工业遗产概念的诠释、工业遗产保护和再利用、工业遗产的价值和保护模式以及工业遗产与旅游业发展等方面。

由此可见，我国对工业遗产的保护意识日益提升，工业遗产研究和保护取得了显著的成绩。但是在工业遗产学术研究方面，我国目前尚处于起步阶段，还未形成独有的研究方法、评价标准、管理体系以及理论阐释。同时，工业遗产研究的理论基础——工业考古学在我国也未形成学科体系，在上述的研究成果中还鲜有涉及工业考古学理论与方法的内容，这使得我国工业遗产研究领域一直缺乏相关的理论依据。工业考古是一种综合方法，它研究由工业进程或为工业进程而产生的有关物质与非物质的所有档案证据、人工制造品、地层学与结构、人类聚落以及自然与城市景观。使用这些研究方法，极其适应于不断地认识工业的往日与今日。

在国际工业遗产保护背景下我国工业遗产独有的一个特征是具有丰富的农业文明时期的古代技术遗存，其中大运河就是最具代表的实例。大运河创造性地将不同历史时期开凿，又分布在不同地区人工河道连接在一起，这成为人类最伟大的创举。它流经五大河域和中国的辽阔的疆土，克服了巨大的海拔差异和复杂的地形，跨越了时间和空间，今天仍然充满活力。鉴于当时的历史时期和技术条件，大运河河段的选址、建设和维护都具有不可想象的开拓性。它的历史功绩直到今天都仍让人叹为观止。可以说，大运河是我国重要的工业遗产，是农业文明时期的古代技术遗存的典型代表，也是工业革命前古运河工程技术高峰的代表作。因此，本文将大运河遗产放置于工业考古学背景中进行阐释。不仅仅描述大运河的外部特征，还要将它置于经济和社会环境中，使用更加理论化的视角解释大运河如何体现出人类行为的变化和连续性。在这种情况下，研究大运河是可以对理解人类社会的发展做出一定的贡献，并在这个过程中不断丰富理论研究。

第二章
工业景观与运河考古

2.1 英国工业景观研究概述

由于对逐渐消失的早期工业化的物质遗迹的保护要求，这使得工业考古学过于强调工业遗迹的概念，以至于直到现在工业考古学仍局限在它的起点。英国近来的研究遵循了考古学的一般范式并更多地关注工业的物质遗迹的背景。在这种情况下，背景研究应包括直接的物质环境和更广泛的文化环境，尽管后者往往被忽视。这同样也适用于整个景观和城市景观的研究。

景观，像背景一样，是一个很难定义的术语。它通常被理解为人们对自然风景的审美反应。然而，对于历史学家和考古学家来说，景观是人类在空间和时间上所形成的变化的物质表现，可以用训练有素的观察来解释。以前对景观的大多数研究都是关于长期的种植和居住模式。也许只是在过去的250年里，工业发展形成的景观才叠加在这片早已由人们改变的土地上，相比之下，尽管时间较短但其影响往往是灾难性的。许多人都赞同约翰·拉斯金(John Ruskin)对这一景观新变化的批判，但它是理解现代工业社会起源的重要资源。

在过去十年中，英国对工业景观的调查数量有了很大的增加，这主要是由于对管理和保护的日益重视。其中一些调查是由那些将景观作为一种文化遗产管理的人发起的，如在国家公园和大型露天博物馆综合体，像铁桥峡谷博物馆。另一些人关注的是被废弃和受污染的景观，通常是过去采矿活动的景观。破旧城市地区的经济复兴也涉及工业景观调查，以确定具有历史重要性的工业建筑。所有这些调查的结果是对塑造过去工业格局的因素之间的相互关系有了更深入的了解。

2.1.1 工业景观分析

分析工业景观的过程分三个阶段:明确特定工业企业选址的原因;阐释景观随时间的变化过程;观察它们之间的空间关系,以及它们与聚落和交通系统发展模式的关系。工业考古学家的任务是通过一般的考古调查方法,也许是挖掘或是对人工制品和工业建筑进行类型学研究来解释景观的物理特征。

(1)工业选址

在景观研究中工业选址一直是历史地理学家研究的重要议题。特定地区出现工业活动通常受三组因素之间的相互作用:自然资源的情况、地形特征和利用这些因素来进行工业生产的工厂主,即人的因素。

用于工业生产的原料既可以从地下挖取,也有可以在地表生长。就采掘业而言,当地存在原材料的实物证据相对容易确定。采石场和露天坑通常杂草丛生,是提取过去建筑材料的证据,其类型通常可以从当地的乡土建筑中确定。现存的坑道和竖井表明过去曾有过地下采矿活动,而对任何地表植物的调查可能有助于了解矿区所加工的矿物。对于制造业来说,当地原材料的可获得性往往不是决定其选址的关键因素。在高效的运输网络出现之前,大多数地区只能生产满足自己基本需求的必需品。如制作玉米粉,酿造啤酒,制造鞋子和衣服,所有这些都可以在磨坊、啤酒厂、皮革厂和作坊中留下物质遗迹。因此,工业生产的模式高度分散,这种情况直到18世纪才有所改变,当时修建了收费公路系统,改善了河道、运河,后来又修建了铁路。这些措施使原材料能够运至具有地形优势或潜在市场的地点，例如，早期的棉纺厂使用进口材料，但往往距离进口港很远。因此，原料的位置已不再是主要的选址因素。

工业利用的主要地形特征是土地的自然坡度，它影响动力和交通的供应。自罗马时代以来，活水的可用性一直是工业选址的一个关键因素，即使在引进其他形式的动力之后，也是如此。水可以从水库中收集，用于生产，也可以输送到水车中，为磨坊或其他机械提供动力。根据水道的大小，蓄水的实际机能可能有很大的不同。湍急的河流可以直接流向天然瀑布或人造瀑布的水车；一系列的磨坊可以沿着河以合适的间隔分布，以防止洪水时水的回流。较小的河流也可以用来发电，但需要对资源进行更巧妙的管理，方法是建造人工水渠，通向磨坊上游的蓄水池。在降雨量少的地区，或者在高海拔地区，水可能需要大面积收集，也可以沿着山坡修建坡度较低的引水渠，还可以挖一些短隧道通向人工水库。自然坡度的另一种用途可能是用于运输，用带有斜度的轨道将马车甚至船只从一个高度运送到另一个高度。这可以通过重力的方式来实现，也可以通过使用来自人力、动物或其他能量方式来实现。英格兰东北部的煤田是第一个大规模开采的煤矿区，因为可以将山上开采的煤通过这些重力铁路运到泰恩河，然后运到伦敦市场。在地形不利的情况下，沉重的货物必须通过斜坡上下搬运，为此发明了机动卷扬机。这种斜面构成了19世纪早期许多长距离铁路系统的一部分。

然而，环境决定论并不是工业选址的唯一要素：人也同样具有影响力。在英国，拥有土地的精英们通常有权开发他们地产的所有资源，包括地上和地下资源。这产生了一种矿产资源开发的模式，即土地领主们的意图与原材料的位置同样重要。例如，18世纪晚期德比郡南部分布的铁熔炉与领主们所占有的土地位置更为相关，而不是仅仅是地理上的考虑。土地领主们或许并不希望他们的领地上有过多的移民，因此他们并不鼓励在他们的土地上建立制造业，而宁愿保留封闭完整的村庄。拉特兰公爵阻止了国内织袜产业进入贝尔沃伊尔山谷，因此这里呈现出与特伦特山谷工业化村庄完全不同的景观。不仅是重要的土地领主才对塑造工业景观产生影响，一些失业者经常在公共土地上建立据点，靠小规模采矿和采石维持不稳定的生活。这种聚落经常出现在大型煤田的边缘地带，经常以分散的房屋的形式建在一块块土地上，并没形成有规模的村庄。在某些地区，特别是迪恩森林、德比郡和康沃尔的矿区，普通人开采自然资源的权利也可以得到承认与规范。

(2)工业景观的演变

大多数工业景观一旦形成，便会随着时间而演变，那么现在的景观就是过去变化的层层积淀。工业考古学家的任务是遵循时间的顺序解释在某一地方建立的工业以来所发生的变化。

像大规模的采掘工业如采石、煤和矿物质对景观变化的影响更为明显的：位于西班牙的里奥廷托(Rio－Tinto)铜矿是欧洲最为壮观的矿业景观，它从史前时代一直延续到今天。这些遗址的范围很广，从钦弗隆、库齐亚雷斯和蒙特罗梅罗的露天沟渠，到科尔塔拉戈的罗马竖井和巷道。后者是在20世纪的露天开采中发现的，类似于巨大的露天剧场，其中最大的是科尔诺·阿塔拉亚(Corta Atalaya)露天矿场，1250米(4101英尺)长，750米(2460英尺)宽，250米(820英尺)深。类似地，在英国的大型露天煤矿经常发现早期的柱子和失速工作以及中世纪的竖井开采。

在上面提到的一些例子中，现代大规模的工业生产揭示了早期开发的考古证据，但更普遍的是，这些考古证据被后来的发展所破坏，规模的变化只能通过比较一个地点和另一个地点来了解。这一点在煤矿开采中表现得尤为明显，因为煤矿往往会在一个地方停留很长一段时间，会通过技术创新而不断更新而不是弥补旧的方法。另一方面，对金属和矿石的研究则较为随意，因为资本投资通常较为有限，因此旧的方法存活的时间更长，有时与新方法并存。19 世纪进程中，景观也揭示了技术的日益演变的复杂性。在煤矿工地，用于抽水和绕线的简易坑道建筑被洗筛厂、坑道浴池和其他供工人使用的工业设施所补充。在纺织工业中，19 世纪机械化织布机的出现导致许多高层纺纱厂增加了利于北面采光的单层织布车间。机械化程度的提高也影响了就业中的性别平衡，因为新的机动机器可以由女性操作。长期的结果是为男性提供了另一种就业机会，从手工织布店到重型工程，这些都为工业景观创造了新的元素。

(3) 空间关系

直到 19 世纪后期集成生产单元的引入，使得以前在单个的地点独立生产制造的作坊或小工厂之间形成了相互依寸的关系。工业生产仍然要与小型企业或其他农业活动一起进行，一个羊毛纺纱厂的建造并不能使所有的工人都在工厂里工作，有些人仍要在小型水力磨坊或染料厂工作，而另一些人则继续用古老的方法在他们的农舍里织布。在钢铁工业中也有类似的运转关系，从森林中采来的木炭和从矿场采来的铁石被运到水力发电厂冶炼成生铁，然后要在精炼炉中将其转化为熟铁。许多钢条随后被送到制钉工和在家庭作坊里工作的链条制造商那里。同样，工业景观的元素可以广泛地分散在各处，但他们又会不可分割地联系在一起，工业考古学家必须试图明确这种关系。

改进的交通运输网络进一步扩大了这些分散的工业元素之间

的联系，在许多情况下，一些陈旧或不经济的方法仍然可以继续生产使用。交通工具也会随着时间而改变，因此常常很容易在景观中发现其中的痕迹。驮马的路线与马车使用的道路有很大的不同，在许多高地地区仍然可以找到。道路本身在路面和坡度的减少方面都得到了改善。许多后来的收费公路都绕过了较早的陡峭路段，成为一系列平行的轨道和废弃的环路。为了改善河流的通航条件和维护工厂主的用水权，人们修建了水坝和水闸。

更大的工程是早期的跨地区的运河，它通常沿着高地穿过丘陵地区，后来用堤岸、隧道和水坝将运河截弯取直。一些早期废弃的运河现在仍然保留至今，成为杂草丛生的蜿蜒小道。许多早期的铁路是为了连接运河和河流而建造的，将煤矿和采石场与新的市场连接起来。同时还开凿了隧道和洞穴，这在带有坡度的地形中很容易辨别出来。也可以通过安装钢轨的石块及其上的凹痕来确定所使用的钢轨的类型和规格。到了19世纪中期，许多工业区到处像蜂窝一样的建造机车铁路，这些铁路现在也消失了，但留下一些更引人注目的土木工事和建筑物来显示它们以前存在过。

早期工业的分散模式创造了相应的分散的居住模式，人们必须住在离工作地点步行或骑车距离以内的地方。独立的矿场和采石场需要他们的工人住在场址的营房里，只有在周末才返回家中。例如，在威尔士的许多板岩采石场，仍能找到这些斯巴达式民居的遗迹。工业厂主们还建造了一排排的房屋，以吸引劳动力，特别是在独立的水力发电地、矿山和采石场。这些房屋后来成为新村庄的核心，还有一些则成为象征过去工业的遗迹。一些雇主建立了一种模块化村落将他们的作坊和工厂相联系在一起，这展示了他们的仁慈，同时也对他们的劳动力进行社会管理。工厂主自己的房子反映了新兴资产阶级阶层的社会愿望，并加剧了雇主和雇员之间的鸿沟。因此，聚落形态的研究是分析工业景观的一个重要元素，揭示了工业起源的本质及其所产生的社会分化。

2.1.2　工业景观的类型——线性景观

几乎每一种景观都会有一些工业元素，但工业因素一定是在工业景观形成过程中占主导地位的。在这样的景观中，工业因素可以代表一个的工业发展阶段或几百年的工业活动。工业景观可以根据最初形成的主要影响来分类，例如，矿物的开采、纺织品的制造或食品加工工业。本节以线性工业景观为例，以说明促成它们形成的各种因素之间的相互关系。

早期的工业发展通常采取线性形式，利用溪流和河流沿岸建水力发电站或利用这些河道作为运输方式。以往的研究往往集中在单一的地点或交通元素本身，忽略了整体景观的相互依赖的特点。在威尔士古代和历史遗迹皇家委员会(RCAHMW)出版的两本书中对线性景观提出了标准，其中一本是关于布雷肯森林的马拉铁路，另一本是关于蒙哥马利郡运河的(本章第三节中有详细介绍)。这两个案例中都是将线性特征作为研究工业发展和其沿线民居模式的基础。

18 世纪下半叶，由于没有适合改善航运的河流，同时对煤、石灰石和其他大宗货物的需求不断增加，促使人们修建了人工水道。这些历史已被广泛研究，特别是查尔斯·哈德菲尔德(Charles Hadfield)，但他们促进线性工业景观的增加却很少被考虑。例如，峰林(Peak Forest)运河的建造是为了开发德比郡北部丰富的石灰岩资源，但当地的交通比较落后。它的北端连接着通往曼彻斯特的运河网络，并穿过了彭宁山脉，在它的南部终点位于巴格斯沃斯(Bugsworth)盆地又修建了一条马车道可以直通到鸽子洞(Dove

Holes)采石场。这一运河的出现也促进了沿线棉纺织工业的进一步发展，在新的纺织厂到阿什顿－安德莱恩（Ashton－under－Lyne）沿途的河岸和巴格斯沃斯盆地建造了大量的石灰窑。运河上还建造了大量乡土风格的中转仓库，并配有完整的装货码头。从峰林（Peak Forest Canal）运河到曼彻斯特的交通要经过阿什顿（Ashton）和安科尔斯（Ancoats），那里的水道周边有棉纺厂、炼铁厂和其他工业厂房，有些还建有自己的运河分支。从运河南部的端点到东米德兰兹之间不具备建造水路的条件，因此修建了一条从巴格斯沃斯盆地附近的惠利桥（Whaley Bridge）的铁路，穿过怀特峰（White Peak）与克伦福德运河（Cromford Canal）汇合，并连通特伦特河（River Trent）。克伦福德铁路是一个由静态蒸汽动力机车与人力混合构成的，最终被蒸汽机车所取代。由于这条铁路的修通，出现了许多新的采石场，但铁路对周围的居住模式影响很小，因为它多穿越的都是荒漠的地带。这条铁路运行到 20 世纪 60 年代，关于它运行方式的考古证据仍然可以在现在的景观中看到，而且它的大部分路线已经成为长线的人行道。一些更宏伟的运河工程还建有堤岸、路堑和高架渠，形成了引人注目的景观特征。伯明翰运河航运系统在 20 世纪中一直与铁路相结合，其发展的脉络可以通过景观来确定。例如，在斯梅斯威克（Smethwick）修建的三条独立的运河大大缩短了航运时间，这充分显示了工程师们越来越丰富的经验与智慧[①]。一组组的水闸被深深的路堑，横跨的桥梁和高架水渠所取而代之。

国家交通网络内的铁路设施同样也促进了工业发展，特别是在食品加工和储存货物贸易方面。在英格兰东部，沿着铁路修建

① ANDREWS，J. H. The canal at Smethhwick － under，over and finally through the high ground[J]. *IAR*，XVII，1995(2)：171－192.

的大型麦芽酿造厂从周围的乡村收集大麦，加工后运送到伦敦和特伦特河畔的伯顿啤酒厂（Burton－on－Trent Breweries）。在东米德兰地区的侏罗纪铁石带，铁路的出现促成了低品位矿石具有商业价值的可行性，因为铁路的分支可以一直建到采石场，旁边还可以建造高炉，这使得低品质的矿石也得到商业利用。穿过北安普敦郡的前米德兰铁路曾经整个铁路网络的中心动脉，两侧建有许多钢铁炉。这些虽然早已消失，但他们以前建造的桥梁、路堑和矿渣堆依然可见。现在这些铁路成为工业走廊，而不仅仅是一种从一个地方到另一个地方的交通工具。

建筑模式也受到铁路发展的影响，像车站、信号箱、机车车棚和仓库由各个铁路公司以统一的风格建造，使新的线性景观统一起来。类似的风格经常被用于建造成排的铁路工人的小屋，而规划中的城镇，如斯文顿和克鲁，在铁路通过时被移植到现有的村庄[①]。在美国，铁路开辟了大片无人居住的土地，像亚拉巴马州的伯明翰和宾夕法尼亚州的阿尔图纳这样的城镇就是因为铁路的存在而慢慢被创造出来的。从那以后，新的交通方式取代了铁路，因此只有通过铁路周围的建筑风格和统一性才能显现它们以前的联系。

线性景观的研究，通常是通过密集开发的河流、运河和铁路来揭示了它们在工业化过程中的重要性。大多数文献资料仅仅记录了为使建设得以进行而获得议会法案的漫长过程，以及为资助建设而设立的公司的详细内容。而从景观中是可以反映出这些交通路线如何牢牢地吸引了一批批的工业企业建在这些线路周边，这早已超越了它们最初建造的初衷。仅靠文字记录是不能完全反映

---

① Cattell，J&Falconer，K. *Swindon：the Legacy of a Railway Town*[M]. London：HMSO，1995.

出这些已在这片土地上形成特色的景观规模，它们本身就是几代人留下的纪念碑。

2.2　景观考古概述

自20世纪60年代以来，“景观”一直是国际考古学研究的一个重要课题。景观研究最初以环境考古学为基础，并使用地球科学和文化生态学的模型，其概念被定义为由自然环境决定人类行为的表现或是背景。在20世纪60年代的新考古学中，从人类学视角研究生态和聚落模式成为重要内容，目的是拼贴过去经济和社会系统的信息[①]。刘易斯·宾福德(Lewis Binford)认为考古学的目标应该是基于人类对环境产生的适应性反应来理解人类行为的范围和文化的差异。同时，考古学家乐观地认为文化和文化的改变是理性的并通过考古系统和聚落模式研究进行推测。

在20世纪80年代，考古学领域出现一个新的理论——后过程主义，它否定了过程主义的大部分理论。这一新思想的主要倡导者——伊恩·霍德，认为文化是不可预测的，文物和符号有不同的意义取决于社会背景与文化[②]。在这一新的研究流派中，值得关注的与其说是人类适应变化的自然环境的机制，不如说是过去人们根据空间、时间和文化对环境进行认知和改造的不同方式。同时，

① Trigger, B. G. *A History of Archaeological Thought*[M]. Cambridge: Cambridge University Press, 1989.

② HODDER, I. *Reading the Past: current approaches to interpretation in archaeology*. [M]. Cambirdge: Cambridge University Press, 1986. Cambridge.

一种新的研究方法被提出来，强调在不同的社会、仪式和记忆系统中，历史遗迹能够的不断再利用并且景观也可以不断重新进行排序。20 世纪 80 年代以来，历史地理学领域也发生了类似的发展，主要基于新文化地理学的思想，丹尼斯·科斯格罗夫(Denis Cosgrove)和斯蒂芬·丹尼尔斯(Stephen Daniels)是其主要倡导者。进入 21 世纪后，景观考古学一方面成为基于大量田野调查跨学科研究方法，使用绘制地图和记录景观和定量方法来建立预测模型；另一方面，后过程主义研究更旨在通过景观来理解和反映过去的社会生活①。

2.2.1 景观的概念

景观考古学的研究历史上对“景观”一词有过两种不同的定义。一是将景观最初的核心含义定义为“领土”，包括统治与管理它的机构。根据这一定义的景观不仅可以作为主观地观测的对象，也可以用于田野调查和档案记录与实验研究的客观物质。第二个定义是艺术家们绘制的乡村风景画并称之为“风景”时发展起来的。后者不仅是一幅幅画作，而是他们绘画已成为众所周知的风景画派。荷兰画家将“风景”一词重新引入了英语，因此这个词比在欧洲大陆上更具有视觉上的含义。从视觉上将景观转变成个体头脑中形成的图画，因此可以说没有观察者就没有景观的产生②。

---

① David,B. & Thomas,J. Landscape Archaeology: Introduction. In B. David & J. Thomas(eds.), *Handbook of Landscape Archaeology*, 27－43. Left Coast Press,Walnut Creek,California,2008.

② Renes,J. European landscapes; continuity and change. In Z. Roca,P. Claval & J. Agnew(eds). *Landscapes, identities and development*. Ashgate, London,117－136,2011.

"景观"一词起源于荷兰的"Landschap"[①]更准确地说,"地理"景观的研究起源于历史地理和自然地理学。这可以追溯到古典作家斯特拉博(Strabo),他曾指出:"地理是关于天空、陆地和海洋上的事物、动物、植物以及在各个区域能够看到的其他事物一切知识。"自然地理在本质上是一个跨学科的领域(地质学、植物学、土壤科学等),在18世纪末和19世纪初,它仍专注于物理环境的研究,例如在德国研究员亚历山大·冯·洪堡(Alexander Von Humboldt)的著作中。在19世纪,大多数地理学家认为人类活动完全是由自然景观决定的。

到20世纪初,地理学研究中首次到人的因素对环境的影响,这使得在研究方法上发生很大改变。在20世纪早期的法国,新一代的地理学家定义了人类社会日益发挥的重要作用。美国地理学家卡尔·索尔(Carl Sauer)在1925年提出,地理学不能仅仅是对自然环境的研究,因为人类活动已经对景观产生了重大的变化影响。他指出,这里有一个历史因素:"如果没有时间与空间的联系,我们不能定义景观的概念。它处于一种持续发展的状态,在过程中或解体或更迭。"[②]文化景观的概念被认为是由索尔首次提出的,即景观的特征在很大程度上归功于人类的影响。文化景观也成为20世纪20年代成立的伯克利美国文化地理学院(Berkeley school of American Cultural Geography)的研究重点。这所学校的地理研究包括人类对景观的影响,并考虑了诸如人口密度和流动性、住房和居

---

① David,B. & Thomas,J. Landscape Archaeology: Introduction. In B. David & J. Thomas(eds.),*Handbook of Landscape Archaeology*,27－43. Left Coast Press,Walnut Creek,California,2008.

② Sauer,C.O. Forward to historical geography. In J. Leighly(ed.),*Land and Life: a selection from the writings of Carl Ortwin Sauer*. University of California Press,Berkeley,1941.

民点的结构和范围、生产的性质（如农场、森林和矿山）和通信网络等问题。索尔指出，景观不是静止的，而是不断变化的，因此对文化景观的研究就是对景观历史的研究。同时，历史地理学也应关注文化景观的研究，首先要试图阐释“隐藏在现在背后的前文化景观的内涵”，这一陈述或多或少地定义了景观历史和景观考古学的目标。事实上，景观历史和景观考古学是如此密不可分地联系在一起，以至于它们常常被认为或多或少是同一件事[①]。

随着不同学科的交叉以及出现了很多新领域的研究，在 20 世纪开创了新的跨学科研究方向。索尔指出，地理学正成为越来越广的跨学科研究领域，经济学也成为景观研究的一个重要组成部分，社会学家的研究也已经深入到人类生态学的各个领域。20 世纪 40 年代，尤金・奥德姆（Eugene Odum）对生态学领域的发展是跨学科思维的重要一步。他建议，与其将自然史作为一系列独立的学科（植物学、生物学、地质学等）来教授，不如将这些学科整合在一起教授。当他提出这些学科是整体系统的一部分，应该归属于包罗万象的“生态学”领域下时，他被佐治亚大学的同事们嘲笑出了教室。但是奥德姆（一个意志坚强的人）后来成为跨学科教学和研究最具影响力的领导者之一，在 1953 年出版了第一本生态学教科书[②]。对现代人来说，不同物种之间具有相互依存的联系早已被认为是理所当然的，这也从根本上改变了我们看待当今世界的方式。这对我们考虑生态系统保护的方式产生了巨大的影响，同时也影响了自然和文化景观以及当今景观考古学的应用。

---

① JOHSON，M. Ideas of landscape.［M］. Blackwell：Malden，2007.

② ODUM，E. P. *Fundamentals of Ecology*［M］. Saunders：Philadelphia，1953.

2.2.2 “跨学科”与景观考古学的发展

20世纪下半叶，自然地理学和历史地理学的跨学科研究不断发展壮大，景观考古学领域也在不断地思想交流中得到发展。法国历史学家弗尔南多·布罗代尔(Fernand Braudel)在菲利普二世(Philips II)时代出版了一本关于地中海世界的“历史故事”(Histoire Totale)，书中他将文献研究、景观地形、文化、经济和政治发展综合在一起进行研究[①]。在布罗代尔之前，历史学家马克·布洛赫(Marc Bloch)在他的《法国乡村社会史》(*History of French Rural Society*,*Bloch* 1932)一书中对风景给予了大量关注。

1955年，威廉·乔治·霍斯金斯(William George Hoskins)出版了一本具有开创性的著作《英国景观的形成》(*The Making of the English Landscape*)，书中把自然地理、经济和社会历史以及航拍图结合在一起，从20世纪50年代早期开始，航拍图就被广泛使用。霍斯金斯认为尽管有许多关于英国风景和风景的书籍，但这是第一次系统地研究景观的历史演变。

对废弃的中世纪聚落的考古发掘也对景观考古做出了重要贡献。霍斯金斯参与了这一发掘，但这一研究主要是由经济历史学家莫里斯·贝雷斯福德(Maurice Beresford)和考古学家约翰·赫斯特(John Beresford)提出的。该研究结合了田野调查、航空图片和文献研究的方法，这已成为英国中世纪景观历史和考古学研究发展的重要基础。

正如我们所见，美国的历史地理学家早已采用跨学科的研究方法，而且航空图片正在加速人们对每个时期的景观累积的思考

---

① BRAUDEL,F. La Mediterranee et le monde mediterraneen a l'époque de Philippe II.[M]. Colin:Paris,1949.

和理解,索尔将其描述为"隐藏在当前景观背后的前文化景观"。1957 年,布拉德福德在《古代景观》(*Ancient Landscape*)一书中提出,探索"从单一地点向区域推进的完整的社会单元"①非常重要。这一点在 *A Matter of Time*(1960)中也得到了很好的证明,该杂志发表了在英国一些主要河谷航拍照片中看到的大量农作物痕迹。这项由英国皇家历史遗迹委员会(RCHME)进行的调查确定了覆盖大片土地的农作物的证据。调查清楚地表明,聚落遗址是建在一定地域范围内的,并由轨道连接起来,这些轨道在几公里外便能看得到的。很明显,这里的景观是从史前到各历史时期景观的叠合,一层叠加在另一层之上,这些景观有着可以追溯到新石器时代的痕迹,许多不同时期的特征至今仍然存在。这本书是抢救性发掘考古产生的一个重要因素,因为这些巨大的河谷景观正被迅速开采出来,用作筑路的碎石。

考古学理论在 20 世纪 60 年代取得了另一个重大突破,出现了"新考古学"或"过程考古学"②。这本质上是将科学技术以更严谨的方式引入考古学。考古学一直是多学科交叉的研究,它与地质学、古典学和艺术史紧密联系在一起,但考德威尔(Caldwell)认为,第二次世界大战之前,美国考古学家更关注对遗址的描述和定义文化,来解释现象,但是这并没有得到进一步的发展。新的考古学,或过程主义,旨在把考古学带进一个更严格的领域。过程主义强调的是一种科学方法,它被纳入研究项目的设计中,并将考古学、人类学和自然史结合在一起,包括(最终)植物学(包括烧焦的

① BRADFORD,J. 1957. Ancient Landscapes: Studies in field archaeology. [M]. London: Bell,1957.

② TRIGGER,B. G. *A History of Archaeological Thought*. Cambridge: Cambridge University Press,1989.

种子和花粉)、昆虫学、软体动物学、动物学、沉积学和土壤学的研究。

英国考古委员会的两份重要出版物阐述了一种新思路:《人类对景观的影响:高地地带》于1975年出版;同伴卷的《低地地带》于1978年出版。这两篇论文都应用了一系列科学技术方法旨在了解环境和人们在环境中的影响作用,以及地名证据等传统主题。环境考古学考虑的是人们生活的环境;他们如何与景观相互作用;如何资源以及景观环境指数如何影响生活在其中的人们。这些研究包括对从景观的广泛变化的分析,如林地退化,再到微观的研究,如依据植物和昆虫学证据来研究自然界种特定的空间是如何被使用的。

随着时间的推移,环境科学家提出的问题变得越来越多样化,越来越富有想象力。考古学理论也在发展,20世纪80年代后过程考古学的出现,旨在"深入了解"过去人们的思想。1986年,霍德提出了一个令人信服的论点,即符号在不同的文化中象征着不同的事物,但许多后过程主义的支持者立足于推测而拒绝科学性研究。芭芭拉·本德(Barbara Bender)认为"一个人不可能是客观的"[①],并似乎建议我们因此应该放弃尝试。

另一方面,科学家们认为科学的方法是能够让我们能够在可控的条件下设置参数来验证假设,而这些条件也可以被其他人复制。如果要将主观调查作为考古景观研究的一部分,重要的是对这些调查结果进行适当的界定和权衡。当新的想法、思想或观点被引入考古研究时,它为其他人提供了衡量其潜力的机会,也许还会建立实验来检测一些更有根据的推断。后过程主义景观研究的

---

① BENDER,B. *Stonehenge: Making Space*[M]. Oxford:Berg,1998.

新学派，与其说它关注的焦点是人类适应自然环境的变化的机制，而不如说是他们认为人类过去的各种生活方式是基于环境空间，时间和文化因素来认知和重构的。

今天的景观考古学是考古学、历史地理学和自然地理学学科交叉发展的结果。基本的划分似乎基于两种类型的景观定义。景观的“地域”定义包括自然类型和文化类型，这一定义被过程考古学家、自然地理学家和大多数历史地理学家所采用。景观的“认知”定义是由后过程的考古学家、新文化地理学家和社会科学家提出的。而今天面临最重要的挑战是如何发展在考古学、自然地理和历史地理学领域中由丰富的概念和实践相结合的自然与文化景观的传统研究，在方法论上和概念上如何可以融入新的文化地理学和后过程主义考古学中的文化研究方法[①]。

景观考古学之所以成为当今一个备受关注的研究领域，是因为它所涉及的科学学科非常广泛，而且跨学科的研究也有了进一步的跨越。更值得注意的是，我们在技术方面实现了很大飞跃，它帮助我们以新的方式观察和分析景观。自 20 世纪 40 年代以来，地球物理技术和航空照片帮助我们“看到”土壤下的情况，但激光雷达（LiDAR）技术现在可以帮助我们看到森林覆盖的所有土地，我们由此能够以极高的清晰度来识别地面上的特征。地理信息系统能够将我们从各种跨学科技术中积累的大量信息汇集在一起，帮助我们整合信息，并以新的方式处理信息，如可视阈（Viewshed）分析。谷歌地球（Google Earth）还提供了一种测量偏远地区的新方法，用简单、可视的卫星数据提供了大量的新数据。通过对不同的电磁光谱的观察可进一步完善细节，近年来在中东和埃及沙漠地

---

① FLEMING, A. Debating landscape archaeology. [J]. *Landscapes* 2008 (9):74—76.

区的研究已经使用这种新方法来发现了成千上万的新遗址①。

景观考古学是一门研究古代人类与他们所居住的广阔自然和社会环境相互作用的物质文化研究的学科。景观考古学在主要关注的主题包括：

——我们是否可以借助对他者文化(过去和现在)及其景观之间关系的解释，来发现如何管理我们社会中不断变化的现代景观的可持续方法？

——过去人类在不断变化的景观中所表现出来的行为，是否可以影响我们的决策，并帮助我们适应当今世界不断发生的气候变化？

——海平面的相对变化会对原有景观产生何种影响？过去的人们如何应对这种自然景观变化的过程？

——人为原因造成的景观变化与自然过程造成的景观演变有何联系？人们对自然景观的依赖程度如何？

——(1)景观是如何通过当地传统价值体现的？(2)景观是被地理学家和考古学家描述的？文化传统中的景观感知与景观过程和/或地质资源的自然条件之间是否存在联系？

——今天的人们是如何看待景观的，与过去这有什么不同？

——景观在时间和空间的维度中是如何受到人类活动、历史、社会和/或经济过程的影响？

今天的景观考古学已经明确地定位在这个艺术与科学之间的新兴研究领域。

---

① KENNEDY, D. & M. C. Google earth and the archaeology of Saudi Arabia. A case study from the Jeddah area. [J]. Journal of Archaeological Science, 2011(38), 1284－1293.

2.3　运河考古——以英国为例

2.3.1　英国运河的历史发展

在运河时代开始之前，内河航运业与沿海航运相辅相成，构成了不列颠群岛贸易的主要交通要道。道路的发展仅限于马道和一些早期的收费公路，这两种道路都不适合运输大型原材料。除了罗马时期修建的沟渠堤坝（它把特伦特河和阿姆河连接起来）以外，英国在 16 世纪以前没有修过运河。

早期的河流航行技术起源于中国，从 11 世纪开始在欧洲发展。16 世纪，英国开始通过改善河流航行的法案。1566 年的埃克塞特运河（Exeter Canal）穿过一部分埃克塞河，是英国第一条使用传统的斜门式闸门的运河，但本质上仍是一条内河航道。在 17 世纪，不列颠群岛的许多主要河流航道通过疏浚、取直河道和建造塘闸来取代堰闸而得到改善。然而，河道航行除了遭受洪水破坏外，还一直遭受工坊主在泄洪与航运之间的利益冲突而形成的不稳定状态。

英国在开凿通航运河方面落后于欧洲其他国家，虽然开始较晚，但之后发展却极为迅速。爱尔兰的纽里（Newry）运河于 1742 年开通，是不列颠群岛上第一个人工开凿的通航运河。在大陆上，1757 年桑基（Sankey）运河开通，1761 年布里奇沃特（Bridgewater）运河开通。布里奇沃特运河的开通使曼彻斯特的煤炭价格下降了一半，并在英国引发了一段时期的开凿运河热潮。1760 年至 1820

年间，共修建了100多条运河，可通航河道和运河的总里程从1750年的约1610千米(1000英里)增加到1850年的6840千米(4250英里)。

与天然河流固有的深度相比，早期运河建造的目的通常是将矿产资源能够更好地运向其终端市场，这样一来，50吨的货物便可以用马匹拉到运河驳船上进行运输，而以前30吨的货物只能用内河船舶运送，公路上的货车只可以运送2吨重的货物。煤和石灰石是早期运河上的两种主要运输货物。第二代运河，通常被称为大十字运河，连接了亨伯河、泰晤士河、默西河和塞文河的主要航道，有效地解决了内陆地区的交通问题。詹姆斯·布林德利(James Brindley)是运河建设初期最重要的工程师。早期的运河往往遵循地形而建，很少有大型改造工程，这一点在未改建的牛津运河上得到了很好的说明。

这些早期运河的成功是由于它们周围有高度集中的工业产业。在运河时代之前，所有的主要城市都位于海岸或主要河流上，只有运河的出现才促进了内陆城市的发展。在18世纪末和19世纪初，运河为人口聚集的中心之间提供了更短的路线，短线运河也为以农业经济为主的地区提供了通道，从而扩大了交通网络。这之后的运河建设的特点通常是出现较大型的工程，大量的岩屑和堤岸以及密集的水闸。为城镇和工业服务的新运河路线以1805年竣工的大运河和1835年开通的伯明翰和利物浦交汇运河为代表。运河建设的主要工程师是威廉·杰瑟普(William Jessop)、托马斯·特尔福德(Thomas Telford)和约翰·伦尼(John Rennie)。运河工程师的任务是组织工程项目，管理承包商，其规模在英国前所未见。他们发展了测量和估算技术，这对后来铁路的发展至关重要。

几乎所有的英格兰和威尔士运河都是由当地的私人资本提供资金的。相比之下，苏格兰和爱尔兰的许多运河是由财政部和其他政府融资工具提供资金的。由于缺乏中央控制，英国出现了两种截然不同的运河。连接苏格兰、英格兰北部和南部的大河的运河通常很宽，水闸宽超过 3.6 米(12 英尺)，而威尔士和英格兰中部的运河主要很窄，水闸只有 2.1 米(7 英尺)宽。这些运河上的船只长度各不相同，但通常在 17.7 至 21.3 米(58 至 70 英尺)之间，而宽阔的运河可以容纳更宽的船只。这些不同妨碍了全国运河网的建立，而且往往阻碍了较大船只的使用，即使是在必须通过狭窄运河的宽阔运河上。

(1)19 世纪建造的运河

从 19 世纪 50 年代开始，来自铁路网的竞争使得货物运量和交通成本都逐渐下降。在整个 19 世纪的大部分时间里，主干线铁路建成之后，英国的大部分运河系统都处于萎缩状态。随着运河股价下跌，运河公司经常被竞争对手铁路公司收购。大部分的运河都因缺乏资本投资而无法使用，这导致了很长一段时间的衰败。但是，许多原有的运河特色却保存了下来。唯一的例外是运河系统为铁路提供了一条有用的支线，位于伯明翰和黑区(Black Country)的大部分地区，而运河提供了通往竞争对手铁路公司覆盖地区的通道。

在 20 世纪，在商业运输时代公路的建设使得许多狭窄运河成为过时之物，因此英国许多运河则进一步衰落。在 19 世纪末 20 世纪初，只有曼彻斯特运河、韦弗航道、埃尔和卡尔德航道相继得到发展。这些运河根据 1948 年的《运输法案》被收归国有，但许多其他运河在此时却被正式废弃，还有一部分运河则被归类为“历史水道”。由于不需要将运河保持通航的状态，因此在运河维护方面很少有投入了。面对廉价的公路运输，商业运输成本再次大幅下降。1946年，内河航道协会(The Inland Waterways Association)成立，它是一个慈善组织，致力于维护和修复英国的运河系统，并在20世纪50年代和60年代为小型运河的保护做出了巨大的努力。如果没有他们的努力，许多今天幸存下来的运河或许早已消失。1962年，运河的管理权移交到英国水利协会，尽管这些运河几乎完全失去作为商业交通的功能，但自那以后，运河作为一种休闲设施的使用大幅增加。这一增加的活动使得大部分运河网络再次得到广泛整修，并在志愿者的大力协助下重新开放了许多已荒废运河。至2011年，主要负责航运河流如泰晤士河和湖区管理的英国环境部提出将英国运河水道交由信托机构全权管理，但其中运河水道的防洪管理职责仍由环境部门负责。

(2)运河景观内容

许多早期的运河都是沿着自然的地势建造的，以尽量减少工程的长度和开凿蜿蜒河道的成本代价，因此，它们对景观的影响相对较低。河谷下游的运河一般都是紧随着河流的走向，甚至将河流作为航运的一部分。在河谷的较高河段，运河通常绕开河流再向山谷一侧攀升，这可以达到足够的高度通过地势较高的流域。从第二代及以后的运河开始便有对景观更明显的影响，表现在建造大量岩屑和堤岸，以及大型的支流河道。最后一代运河对景观产生了巨大的影响，它们的建设经常涉及改道大河，并产生了大量相关的土方工程。

① 运河建筑

每条运河上都建有风格独特的运河建筑。保留下来最常见的建筑是为水闸管理者和河段养护工使用的房屋，通常是用当地材料建造的小型功能性建筑，通常建在与水闸相邻的狭长地段上。

一些运河公司对房屋进行建筑装饰，另一些运河也形成了自己独特的形式。其中最引人注目的两个是斯特拉特福德(Stratford)运河沿岸的尖状屋顶的房屋和泰晤士河和塞文运河的圆形房屋。在大多数由不同公司所有的运河交汇的地方，都设有收费站，通常都有一个特色的凸窗。许多运河公司为工程师和河区管理者提供了良好的工作场地，他们都在市区修建办公室，而且通常带有一定程度的建筑风格。他们还建造了自己的维修车间，其中很多都保存了下来，通常都有封闭的旱坞和用于建造闸门和一般铁匠的相关设施。典型的例子有伯明翰运河航线的伊克尼尔德港(Icknield Port)和布尔本(Bulbourne)大运河。运河仓库一般建在运河两边，特别是在与其他水道的交汇处附近。虽然不是由运河公司自己建造的，但可以作为船夫(现在是休闲船乘客)的休息站，仓库成为典型的运河建筑，但并没有形成明确的类型学。运河公司也经常建造马厩，但保存下来的建筑物很少。幸运的是，在英国运河协会的管理下，运河建筑物和构筑物都得到较好的保护。

② 运河构筑物

大多有特色的运河结构在仍在使用的和废弃的运河上都能保留下来。桥梁是最明显的景观特征之一，建造在道路穿过运河的地方，或建在被运河分隔的田地之间。这些通常是运河和当地建筑的标准设计。其中弓形桥是最具特色的桥型，但为了经济效益，许多运河公司都采用吊桥和摆式桥。这些桥梁通常是用木材建造的，但后来被钢结构所取代。牛津运河南段和利兹和利物浦都有大量这样的桥梁建筑。架在运河两边的桥梁，可以产生一种独特的结构美学形式，麦克尔斯菲尔德(Macclesfield)运河上的桥梁是典型的代表。在工业制造的地区建造的运河，如伯明翰运河航道系统，或运河河道较为平直的河段，如牛津运河北部，建有许多优雅的拱形铁索桥。每条运河的水闸和水闸设备在大小和建造细节上都有很大的不同。在遇到斜坡的地方，就需垒起一道道水闸，这些水闸与阶梯形水闸的不同之处在于，水闸之间是分开的，并且在水闸之间有一段可以航行的水域。建在伍斯特郡和伯明翰运河塔德比奇(Tardebigge)船闸是英国最长的一个多级水闸，包括3.6千米(2.5英里)多宽的水闸30个，提升运河的高差大约有61米(200英尺)，建在凯尼特和埃文运河上卡昂(Caen)船闸包括29个水闸，提升水位为84米(277英尺)，其中包括一段特别陡峭的16级水闸，并带有宽阔的侧池以储存水量，由于这里水位有一个很大的落差，因此建造一座共用闸门阶梯水闸可以使造价更低廉。这些阶梯式水闸中最著名的是位于喀里多尼亚(Caledonian)运河上的巴纳维水闸，它是一组巨大的八段水闸，是英国最长的阶梯水闸。还有位于西约克郡利兹和利物浦运河上的五座水闸，它们是最陡的。在其他运河上还有许多其他的两层或三层的阶梯式水闸。

英国运河也已有多次尝试寻找代替水闸来解决运河水流高差的问题，因为通过这些水闸是比较既耗时又浪费水源。其中大部分涉及运河升降机，英国仅存的运河垂直提升机位于柴郡(Cheshire)的安德顿(Anderton)，它建于1875年，最近经过修复，可以在特伦特和默西运河以及韦弗河之间运送船只。

从视觉上看，运河最令人印象深刻的特征是巨大的高架水渠(图2.1[①])。同样，在不同的运河上，高架渠的形式和构造细节也有所不同。早期的高架渠通常是比较矮的短跨距拱形式，詹姆斯·布林德利(James Brindley)设计的德芙(Dove)高架水渠就是一个典型的例子。随着工程师设计经验的积累，他们开始建造更大跨

---

① PALMER, M. Nevell, M. & Sissons, M. *Industrial Archaeology: A Handbook*[M]. York: Council for British Archaeology Practical Handbook, 2012.

图 2.1 布里奇沃特(Bridgewater) 运河上的高架水渠

度的砖石结构的高架渠。工程师伦尼(Rennie)在兰开斯特(Lancaster)运河上设计的伦纳(Lune)引水渠,以及在肯尼特(Kennet)和埃文河(Avon)上设计的邓达斯(Dundas)引水渠,都是很好的例子。工程师杰索普(Jessop)和泰尔福特(Telford)进一步发展了砖石结构的高架水渠,通过在砌体结构中插入一个铁槽来容纳里面的水,如在威尔士边界的奇克(Chirk)运河有这样的一个高架渠。之后,杰瑟普和特尔福德设计了更多的铁槽高架渠,他们从德比和顿恩河畔的小地方开始,继续在埃尔斯米尔运河旁的庞特西尔朗特建造大型高架水渠,并于 1805 年投入使用。许多较小的铁质和砖石结构的高架水渠可以在其他运河上找到。

供水问题一直是许多运河亟待解决的。在靠近最高水位的地方,经常可以发现大型水库和大量的土堤重力坝。供水的另一种解决办法是通过水或蒸汽动力从邻近的河流或小溪中抽水(图 2.2),有些抽水机还能正常工作,在其他很多地方,仍能看到运河抽水机房的建筑。

当运河遇到丘陵地带时,就要必须建造隧道,这需要借鉴采矿

图 2.2　现存的抽水泵机(位于卡迪夫)

工程师的建造技术。这在很大程度上是一种迫不得已的方法,因为建造和维修运河隧道的费用都很高,而建造这些隧道常常导致运河的竣工拖延很久。隧道沿线的通风井也是典型的景观,这些通风井经常被隧道施工过程中产生的矸石堆所包围。由于大多数早期的隧道没有拖道,通常有一条马路通过隧道的顶部。最长的运河隧道是斯坦德奇隧道(Standedge Tunnel),位于哈德斯菲尔德运河(Huddersfield Narrow Canal)上,穿过彭宁山脉(Pennines),全长 4.8 千米(3 英里),直到最近又重新开放。

运河沿岸的装置是大多数运河的另一个特色,它的设计因运河而异。这包括里程碑、桥名或牌号、护柱、防擦绳、绳辊和起重机等。许多与其他工业相关的建筑物也都位于运河边,典型的例子是石灰窑和砖窑。运河边的造船者和修理工使用的小型旱船坞也可以找到,这些船坞经常连接着邻近的水道,或位于船闸的上游。

2.3.2 蒙哥马利郡(Montgomeryshire)运河的考古

蒙哥马利郡运河经常被称为英国南部最美丽的运河。它位于青翠的牧场和陡峭的塞文山谷(Severn Valley)之间,地理位置优越,运河沿线保存的构筑物与运河本身完美连接在一起。史蒂芬·休斯博士(Stephen Hughes)在1981年撰写的《蒙哥马利郡运河的考古》(*The Archaeology of the Montgomcryshire Canal*)①一书旨在以一位考古学家的视角介绍该运河遗产,并将运河放置在当代社会背景中阐释运河的价值。书中主要包括6个方面:①运河线路的建造;②运河经济;③运河商业贸易设施;④运河上的工人与建筑;⑤由运河演化而来的产业;⑥运河聚落。从工业考古学视角研究蒙哥马利郡运河不仅关注河道本身的遗迹,更需研究运河背后的一个更宏观、庞大的独立经济体系。作为对线性景观的考古研究,蒙哥马利郡运河主要是沿线为一系列相互依存的工业和农业设施提供相连接的交通动力。这是英国第一本以工业考古学角度全面来解释运河遗产的书,对以后的运河考古具有极大的历史价值与意义。

蒙哥马利郡运河最初计划是从拉纳马内赫以北的波特一瓦恩石灰岩山(Port—Y—Waen Lime Rocks)开始,沿塞汶河谷(Severn Valley)向上延伸到新城(Newtown)。然而,在工程的东北端,在卡雷霍弗上方的埃尔斯米尔运河的拉纳马内赫支流与卡雷霍弗上方的拉纳马内赫支流形成汇流,而在西南端,在距加思米尔的韦尔什普尔几千米远的地方,工程停止了,因为所有的资金资源都用完了。因此,在1794年至1797年间只修建了一条26千米长的隧道

① HUGHES,S. *The Archaeology of the Montgomery Canal*[M]. Wales: The Royal Commission on Ancient and Historical Monuments,1981.

图 2.3　蒙哥马利郡运河

和一条长 3.5 千米的通往吉尔斯菲尔德的支线河道。到 1815 年，人们对运河建设的兴趣重新燃起，于是，1819 年至 1821 年之间，从加思密尔到新城的其余 12 千米运河便由蒙哥马利运河(西部分管)公司负责修建。最初的运河后来被称为东运河。因此，蒙哥马利郡运河处于一种不同寻常的情况：它由两家不同的公司拥有，并由一条共用干线的东西分支组成。

(1)运河线路的建造

蒙哥马利郡运河的形成是由挖掘河道沟槽和淤泥层组成的。为了方便河道通过高低起伏的地形景观，需要进行各种土木工程的施工：河道、路堤、隧道、水闸、渡槽以及桥梁，以重新连接被分割的道路和农田。蒙哥马利郡运河的主干线沿着塞汶河谷(Severn Valley)流域形成的一条相对比较平坦的河道，在 38 千米的航道中有 29 千米是一条单一的横向航道。因此，其四分之三的河道上都不需要修造隧道和路堤，只在运河的其余四分之一处，包括其到吉尔斯菲尔德的 3.5 千米的支流，有两个巨大的堤岸和一个深河道，尽管在塞弗恩河和维恩威河汇合处附近的这个地势更不平坦的地区，也不需要隧道。

蒙哥马利郡运河最重要的土方工程是在韦恩的贝尔布鲁克山谷上承载运河底部的大堤。这条 1130 米长的堤岸最初两侧是大型坑道（在 19 世纪的土木工程术语中称为“借土坑”），是通过挖土方来建造的。在高度上，蒙哥马利郡运河河岸高于韦尔努伊（Vyrnwy）河的漫滩：6 米高，基底有 30 米宽，运河水面为 15 米宽，从韦尔努伊河水渠的北端延伸到卡雷霍法水闸，共有 350 米长。在这段运河线上设有两组拱门，分别为 3 座和 4 座，这可以使韦尔努伊河偶尔遭遇的大洪水安全的通过河岸。

（2）蒙哥马利运河的保护

今天的“蒙哥马利运河”（Montgomery Canal）是目前仍保持通航的航运水道，它由一条从威尔士法兰克顿的兰戈伦运河（Llangollen Canal）向西南方向延伸，经过威尔士拉纳马内赫（Llanymynech）和韦尔什普尔（Welshpool）到新城（Newtown）的连续水道组成。事实上，这条长为 56 千米的运河包括四个独立的河道部分，只是它们归属于同一家公司经营，由此联系在一起。这其中的三条运河是用于由拉纳马内赫山地采石场向农场运输和调配石灰肥料。随着发展，这些运河线路基本上取代了该地区其他任何可能出现的交通线路。运河线延伸到拉纳马内赫采石场附近一个交叉口的两边，分别与西南两侧的采石场连接起来，成为蒙哥马利运河东西两条支线。这也是蒙哥马利运河考古所关注的河道本体。另外，蒙哥马利郡运河也作为木材运输的线路，较早以前便开始从

图 2.4　蒙哥马利郡运河开凿初期

韦尔什普尔附近的乡村运送木材到赛汶河(Sever River)下游,这是该运河从较早时期一直持续使用的一条独立航运河道。蒙哥马利郡运河的一个重要特征是它由两家不同的公司拥有,这两家公司共享运河的主体河道之后再分为东西两条支线。运河河道还延伸到沿线乡村腹地,促进乡村的发展,出现当地的车夫和货车司机不断地为田地运送石灰肥料的繁忙景象,在蒙哥马利郡橡果丰收季节他们要去收集橡果然后利用运河运送出去。

威尔士的皇家古迹委员会首先参与了蒙哥马利运河的考古工作,当时他们被要求评估运河沿线现存古迹的价值。这是根据对威尔士其他运河和现代铁路系统遗迹研究的经验而完成的。从那

图 2.5　蒙哥马利郡运河上的水闸

以后，威尔士的皇家古迹委员会利用自己的经验与资源，重新将这条有吸引力的运河作为现代游船的游船通道进行开发设计。另外，一项全面的运河遗址“名录”计划正在进行中，该计划是由威尔士历史古迹协会(Welsh Historic Monuments)与威尔士历史遗迹皇家委员会(Royal Commission on Ancient and Historical Monuments)共同完成的。

第三章
大运河景观体系的建构

3.1　隋唐运河

隋代是我国人工运河历史上具有划时代意义的一个时期，它改变了隋代以前以地区性运河开凿的局面，开通了我国由南到北一脉相连的大运河，形成以洛阳为中心，西通关中盆地，北达河北平原，南至钱塘江。隋唐南北大运河沟通了钱塘江、长江、淮河、黄河和海河五大水系，把中原地区、江淮地区和河北地区紧密联系起来，实现了中国历史上的第一次南北大贯通。按隋炀帝开通南北大运河的历史时间顺序，依次开凿了通济渠、邗沟（淮扬运河）、永济渠、江南运河。南北大运河是中国历史上一项伟大的水利工程，标志着我国运河工程进入了新的历史时期，也标志着漕运进入了快速发展时期，给唐宋盛世奠定了基础。

3.1.1　通济渠

通济渠是隋炀帝开凿的多条运河中最早的一条，是南北大运河中沟通黄河于淮河的一段运河，全长约650千米。隋炀帝开凿通济渠充分利用了先前的区间运河。通济渠共分为东、西两段。西

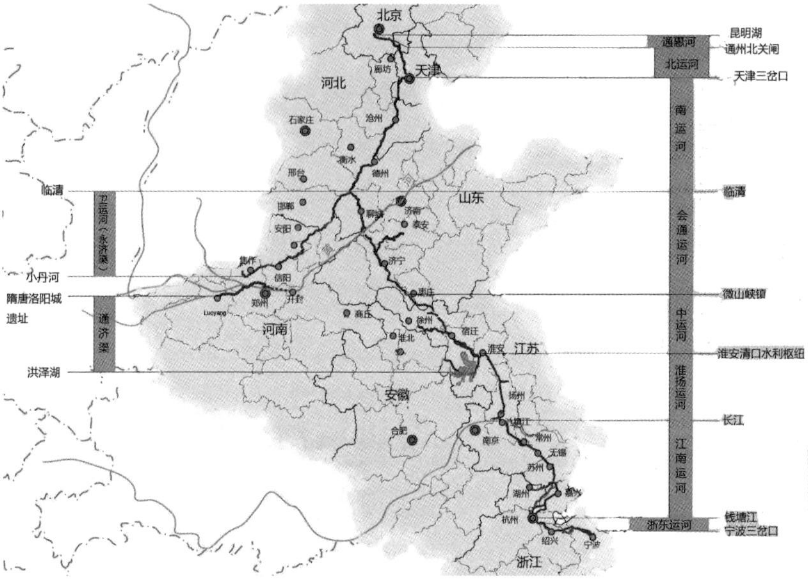

图 3.1　大运河全线示意图

段的起点是洛阳，水源为洛水和洛水的支流谷水；中段的起点是今荥阳市西部的板渚，水源是黄河，引水向东流向开封市，至江苏盱眙入淮河。通济渠的完工，成为沟通黄河、淮河和长江的干道，对南粮北运有重大意义。它既是后续运河开凿的基础，也是全国运河连通的开始。通济渠历经隋、唐、五代、宋、金五个时期，通航了600多年。

(1)开凿背景

黄河和淮河之间的水运，战国时已为鸿沟所沟通。西汉以后，这条运道便逐渐被汴渠（即汳水）所代替。三国、两晋和南北朝时期，又进一步对汴渠进行了整修和局部改建。隋炀帝在此基础上于大业元年(605)，“发河南、淮北诸郡民，前后百余万，开通济

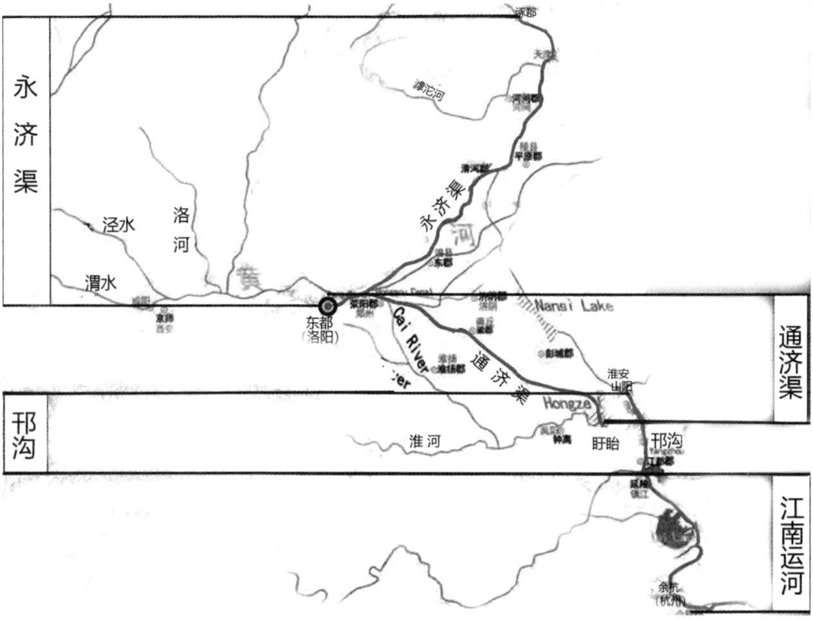

图 3.2　隋唐大运河示意图

渠。”[①]通济渠是隋大运河中最重要的一段，它分二段凿成：一段自今河南洛阳市西的隋帝宫殿“西苑”开始，引谷、洛二水达于河，大概循着东汉张纯所开阳渠的故道，由偃师至巩义市的洛口入黄河；另一段自河南的板渚(今河南荥阳市汜水镇)，引黄河水经荥阳、开封间与汴水合流，又至今杞县以西与汴水分流，折向东南，经今商丘、永城、宿县、灵璧、泗县、泗洪县，在盱眙之北入淮水。通济渠在今商丘以下趋向东南，直接入淮，这是与东汉的汴渠入泗不同的。因旧漕渠自今徐州以下，流经泗水。由于泗水河道弯曲，又有徐州洪和吕梁洪之险，所以通济渠改行新道，撇开徐州以下的泗水径直入淮。同年，“又发淮南民十余万开邗沟，自山阳至扬子入江”[②]。

① 《资治通鉴·隋纪四》卷一八〇。
② 《资治通鉴·隋纪四》卷一八〇。

同时还进一步疏浚了山阳渎。通济渠和山阳渎共长二千余里，渠广四十步，两岸筑御道，并种了柳树，既可护岸，又可给牵船人遮阴。

(2)历史变迁

通济渠的前身是战国时的鸿沟。鸿沟是战国时期陆续开凿成功的，是当时中原大规模的水利工程。公元前364年，梁惠王欲称霸诸侯，从山西安邑（今山西夏县西北）迁都大梁（今开封市西）。迁都后两次兴工开凿运河：公元前360年，魏国曾在黄河圃田（今郑州市中牟县西）间开凿一条大沟，引黄河水入圃田，又从圃田开凿运河用于农田灌溉；公元前339年，魏国又从大梁城的北部开凿大沟引圃田水灌溉农田，这就是鸿沟最早开凿的一段。鸿沟的主干，以魏都大梁为中心，从今荥阳市以北，和济水一起分黄河水东流，经过魏都大梁，折向东南再经过陈都宛丘（今淮阳县），向南注入颍水，而颍水下流注入淮河。另有丹水成为鸿沟的分支，从大梁东流到彭城（今江苏徐州市）注入泗水；睢水从大梁以南自鸿沟分出东流，经过宋都商丘（今商丘市睢阳区），经安徽宿县，江苏睢宁县以北，注入泗水；濊水也在大梁以南从鸿沟分出向东南流，经过蕲（今安徽宿县南）而流入淮水。这样以大梁为中心，就构成了济、汝、淮、泗之间的水运交通网。大梁凭借优越的水利交通条件，初步显露出它在历史上的重要地位，成为“诸侯辐辏”的魏国国都。魏国灭亡后，鸿沟不断遭到毁弃，秦汉南北朝之际，这里先后出现过沙水、蔡水、汴水、官渡水、莨荡渠等名称的河流，尽管这些河流并不是一个河床，可走向都是自开封附近或南或东，大体上都是东南走向，流入淮河。

公元605年，开掘的隋唐大运河的首期工程，连接了黄河与淮河，称之为“通济渠”，贯通了洛阳到扬州，作为中国最鼎盛时期的交通大动脉，“枢纽天下、临制四海，舳舻相会、赡给公私”。公元605年，杨广力排众议，下令由杰出工程专家宇文恺主持，开凿大运河，主要是开凿通济渠和永济渠。“发河南诸郡男女百余万，开通济梁，自西苑引谷、洛水达于河（黄河），自板诸引河通于淮。”长1000多千米。通济渠施工时，充分利用了旧有的渠道和自然河道，但因要行龙舟，龙舟舟体巨大，运河必须凿得很深，否则无法通行。如此浩大而艰巨的工程，杨广要求的时间却极短。从3月动工，到8月就全部竣工了，创造了人类开凿运河的奇迹。当然，这种奇迹的创造，付出了血的代价。在凿渠和造船过程中，“役丁死者什四五”。官员以车载死丁，“东至城皋，北至河阳，相望于道”。通济渠开通后，杨广立刻从洛阳登上龙舟，带着后妃、王公、百官，乘坐几千艘舳舻，南巡江都。因此，隋朝时称通济渠为御河。

《虞城县志》记载了一段杨广沿通济渠“巡游”的盛况：“偕皇后、嫔妃、贵戚、官僚、僧尼、道士等，分乘龙舟、杂船五千二百余艘巡幸江都。”杨广乘坐的龙舟，实际上是奢侈豪华的水上宫殿，其“龙舟四重，高四十五尺，长二百丈，上重有正殿、内殿、东西朝堂。中二重有二百房，皆饰以金玉，下重有内侍处之”。而皇后乘坐的翔螭舟，除尺寸略小一点外，其装饰和龙舟无异。在龙凤舟前后，另有三重高的花、鸟、虫、鱼彩船九艘，作为流动的“浮景”以供帝妃、王储、公主们游乐。这些龙凤舟和“浮景”船队，组成水上宫殿群体。尾随其后的是各类随行官员的船只数千艘，其后还有补给船只，承载各种供奉之物，以备随时之用。这十几万人的“流动宫殿”，穿州过县，游山玩水，乐坏了皇帝、嫔妃，忙坏了地方官吏，害苦了黎民百姓。

隋大业十二年（616），杨广决定三游江都。当时，全国已经民不聊生、烽烟四起，一些耿直之臣上书劝谏，结果多人被杀。当杨广所乘龙舟行至梁郡(今商丘)时,官绅带领一些群众拦路上书谏阻,结果同样惨遭处死。就是在那次巡游到达目的地江都后,失道寡助的杨广被"右屯卫将军"宇文化及勒死在江都行宫。608年,隋炀帝沿洛阳东北方向开凿永济渠,沟通沁河、淇水、卫河,通航至今天津境内,接着,溯永定河而上,通涿郡。610年,隋炀帝继续开凿江南运河,使得镇江至杭州段通航。至此,以京都洛阳为中心,通过通济渠、永济渠两大渠道,沟通了海河、黄河、淮河、长江、钱塘江五大水系,总长2700千米的中国南北大运河全线贯通。

通济渠自河南荥阳的板渚出黄河,至江苏盱眙入淮河,共流经现今3个省6个市20个县区,全长650千米。顺序为:河南省的荥阳、郑州市、中牟县、开封市、杞县、睢县、宁陵、商丘市、虞城、夏邑、永城;安徽省的濉溪、宿州、灵璧、泗县;江苏省的泗洪、盱眙。无论从规模、长度或从地理位置上讲、通济渠在整个大运河系统中都占有重要地位。通济渠在唐朝以后改称汴河。

3.1.2 卫运河——永济渠

永济渠又称卫运河,与卫河、南运河古代统称卫河。因源出春秋时期卫国(今河南辉县、汲县、淇县一带)而得名,卫运河曾称清河,也叫清水。是隋唐大运河黄河以北河段,自沁水南达于卫河,又东北至涿郡,近一千九百里,属海河水系,是冀鲁两省的边界河道。上源漳河、卫河,两河于馆陶县徐万仓汇流后称卫运河。俗谓漳卫运河,流经河北省馆陶县、临西县、清河县、故城县,山东省冠县、临清市、夏津县、武城县、平原县等9县,至四女寺枢纽,是一条防洪、灌溉、航运综合利用的河道。卫运河长156.6千米,其中在邯郸境内河长40.5千米,流域面积为55平方公里,是河北省中南部最大的行洪河道。历史上曾与上游卫河、下游南运河统称卫河,清代将临清至天津段称南运河，临清段称卫河。1958年，四女寺枢纽建成后，将徐万仓至四女寺段专称卫运河[①]。

(1)永济渠开凿背景

隋炀帝开通的通济渠，邗沟、江南运河，使黄河以南、江淮东南地区已有运河相连，龙舟可行，纵观疆域版图，黄河以北广大地区还未有连接运河开通，而从当时的军事和经济角度来看这里都需要开凿运河。随后决定在黄河以北再开一条运河，即永济渠。大业四年(608)，“诏发河北诸郡男女百余万，开永济渠，引沁水南达于河，北通涿郡”[②]。永济渠也可分为两段：南段自沁河口向北，经今新乡、汲县、滑县、内黄(以上属河南省)、魏县、大名、馆陶、临西、清河(以上属河北)、武城、德州(以上属山东)、吴桥、东光、南皮、沧县、青县(以上属河北)，抵今天津市；北段自今天津折向西北，经天津的武清、河北的安次、到达涿郡(今北京市境)。

(2)永济渠的演变

战国至两汉时期该河部分属由章武入海的黄河系统。西汉元封年后，黄河北决于馆陶，分为屯氏河。今卫运河自临清至武城一段，汉代称为屯氏河，三国时，曹操“遏淇水入白沟，以通粮道”，卫运河一段称白沟，其下段称清河。

隋朝大业四年(608)，发河北诸郡百余万众，开永济渠，引沁水南达于卫河，自黎阳引白沟水东北达于涿郡。该渠是曹魏时期白沟的发展，由洛阳向东北经修武、新乡、内黄、大名、馆陶、临清，至天津。由于男民工不足，始以妇人从役。大业七年(611)，炀帝自江都乘龙舟沿运河北上，带着船队和人马，水陆兼程，最后抵达涿郡。全程仅用50多天。

---

① 2015年版《邯郸市志》。

② 《隋书·炀帝纪》上。

唐代，行政区划进行了调整，改郡为州，渠道由南而北流经怀、卫、魏、贝、德、景、沧、幽八州①。唐代废弃永济渠南段后，其中段的主要水源中，丹水是沁水最大的支流。丹水的支流长明沟亦称小丹河与清水相连，曹操开白沟后起到了增加白沟水量的作用。唐代以后小丹河仍然是永济渠的重要水源，至清康熙年间仍有引丹济卫的详细记载。

这条由今博爱县经武陟、修武向东连通卫河的河道后来被称为运粮河，一直到新中国建立初期仍具有航运价值。宋代永济渠改名为御河，元明清为卫河，近代称卫运河。现在的卫运河是指由漳河与卫河于徐万仓汇流后至四女寺一段河道。河道长157公里，两岸堤防总长320.5千米，是冀、鲁两省边界河道。明代又把大运河称作漕河，御河更名为卫河。1946年，冀南区卫运河河务局确定该河段为卫运河。1949年后，曾三次进行扩大治理。1956年河道行洪能力从建国初期的300～400立方米每秒，提高到800立方米每秒；1958年又提高到1250立方米每秒，1963年海河流域历史最大洪水后，按照防御五十年一遇洪水的标准，在"彻底根治海河"运动中于1972至1973年再次进行了扩大治理，设计行洪流量达4000立方米每秒；扩建改建了四女寺枢纽工程，新建了祝官屯枢纽，两座枢纽除具备防洪调度功能外，兼有蓄水灌溉及航运等效益。

3.1.3 邗沟(淮扬运河)

淮扬运河是中国大运河最早开凿的河道，可追溯至公元前486年吴王夫差开凿的邗沟。春秋时期，各诸侯国间战争频繁。吴王

① 谭其骧.《中国历史地图集》，1982。

夫差一心想北上伐齐、称霸中原。但伐齐远征需解决军粮和辎重的运输问题，靠陆运劳力甚巨且道路不畅，而吴国的优势是水军和先进的开河、造船、航运技术。当时长江与淮河之间并无水路可通，只有走海路，风狂浪急，风险颇大。吴国利用长江与淮河之间湖泊密布的自然条件，就地度量，局部开挖，把几个湖泊连接起来，从此长江与淮河贯通。该运河以古邗城为起点，因此称为“邗沟”。邗沟是继通济渠之后隋炀帝开通的第二条运河，是连接淮河与长江的运河，全长 185 千米。

邗沟是联结沂沭泗河水系和淮河的中国古代运河。春秋时期吴王夫差于公元前 486 年～前 484 年开凿。南起今扬州近郊的邗城之下的长江，故名邗沟，北经樊梁湖（今高邮附近）折向东北，入射阳湖，再向西北经淮安入淮河。邗沟的修建，得以使吴国的水军北上和齐国、晋国争霸。西汉吴王刘濞亦有开凿，凿通了茱萸湾（今扬州市湾头镇）向东经海陵仓（今泰州市海陵区）到蟠溪（今南通市如皋东陈家湾）的运河。东汉以后，逐渐显示出经济价值。后来隋代开凿隋唐大运河，就部分利用了这条水道。

隋代前期，邗沟常淤塞。当时邗沟相当长的河道都是平水不流动，有堰坝控制，自淮安至扬州水程要四五日。邗沟北流河段，河床坡度较陡，流速较大，夏季水大时，逆水船不易上行，因此北端修建北神堰，位置为古末口（今河下古镇），主要以堰闸调节湖水。605 年，隋炀帝疏通扩大了邗沟旧道以便行船，改称山阳渎，作为隋唐大运河的重要组成部分。中国的漕运自隋唐时期开始兴起。漕运是中国历史上特有的一种现象，也是人类在农业文明时代重要的制度文明成果之一。封建统治者通过漕运进行持续畅通的粮食和物资运输，从而实现全国资源的调配。

漕运的兴起造就了淮安、扬州的再度繁荣。扬州为唐朝东南

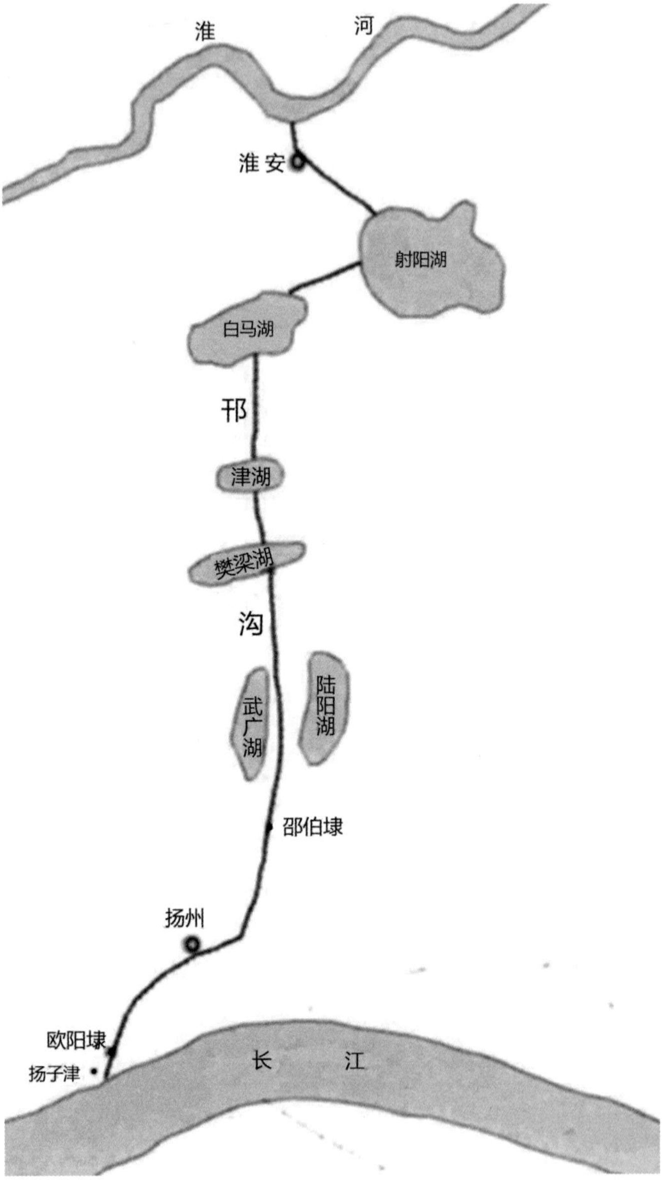

图 3.3　邗沟示意图

图 3.4 古邗沟石碑位于扬州市北

第一大都市，为都督府、淮南节度使治所。淮安（唐称楚州）也是繁荣的商业都市，其涟水盐场为全国四大盐场之一，楚州被白居易称为“淮水东南第一州”。淮安境内的泗州城也是当时知名的运河商业城市。

北宋时期，在邗沟上建有数十处闸、坝、涵等建筑物，并且出现了世界上最早的船闸——复闸。元代漕运继续发挥重要作用，中国大运河北部河段截弯取直过境山东，而淮扬运河则继续作为重要的运输河道。马可·波罗在其《马可·波罗行纪》中提到淮安州、扬州均为繁华的运河贸易都市。

明清时期淮扬运河的繁荣达到了顶峰。漕运进一步发展起来，支撑了国家财政收入的大半壁江山。淮安与扬州名列运河沿线“四大都市”。明清时期设立漕运总督和河道总督，均为二品以上官员，分管大运河的漕运与河务。漕运总督一直驻扎于淮安府。1415 年陈瑄开埠之后，淮安的清江浦兴盛起来，成为“九省通衢”“天下粮仓”。康熙年间，河道总督迁驻淮安清江浦，淮安遂有“天下九督，淮居其二”之盛况。扬州是明清时期全国盐业中心，城内设有两淮盐运使衙门。大批盐商聚集于扬州，留下了许多精美的府邸园林。

3.1.4 江南运河

江南运河，又称江南河，是中国京杭大运河在长江以南的一段，又分为苏南运河和浙北运河两段。沟通长江、钱塘江及太湖平原诸水系，是这一地区重要的水运通道，是京杭运河运输最繁忙的航道。江南自古多水，长江三角洲，原来就是沼泽地，是水的天下，那里有众多的江河、湖泊、溪流、沼泽、湿地。江南人民俗称江南运河为“官塘河”“官河”或“官塘”。

江南运河长约 330 千米，北起镇江，经丹阳、常州、无锡、苏州、吴江、嘉兴、桐乡到杭州。运河北接长江，南接钱塘江，与丹金溧漕河、锡溧漕河、锡澄运河、望虞河、浏河、吴淞江、太浦河、吴兴塘、平湖塘、华亭塘、杭甬运河等运河相连接，是江南河运的主干道。运河在吴江平望镇以南分成三道[①]：去往嘉兴的一道称为古运河，以嘉兴护城河为主线，北接前往苏州的苏州塘（或称苏嘉运河），西转

---

① 王志艳. 地理百科知识博览. 天津人民出版社:2013.

杭州塘，又有故道至海宁盐官古城转上塘河，塘河河网交织；直接去往杭州的一道由元末军阀张士诚开凿；去往湖州的一道称为吴兴塘，即今天的湖嘉申航道頔塘河道，向南有多条塘路可达杭州。

早在春秋时的吴国，即以都城吴（今苏州）为中心，在太湖平原凿了许多条运河，其中最早的要数泰伯渎，连接了今天的苏州、无锡两地。历代修筑乃通长江，明以后常称常州府河。吴越争霸时期，吴国为运粮通过连接自然水道的方式把运河南展至钱塘江，越王勾践灭吴后改建为吴陵道[①]。秦始皇灭六国后，为东巡会稽，在春秋古运河的基础上建成北起丹徒（治所在今镇江东南丹徒镇），中经会稽郡治吴县（今苏州），南到钱塘（今杭州）的水道，名曰陵水道。三国孙吴时代，孙吴政权为了沟通建业城和太湖平原而开凿江南运河。以后历朝历代又不断加强，东晋时又多次对此水道加以疏浚整修。

到隋朝时，隋炀帝以东都洛阳为中心，开凿连通南北的大运河。在先后开凿通济渠、疏通邗沟、开凿永济渠之后，隋炀帝于大业六年（610）下旨疏凿和拓宽长江以南的运河古道，连接京口（今镇江）和余杭（今杭州），将旧有运河连接拓宽，截弯取直[②]。至唐代基本形成现在的格局。《资治通鉴・隋纪五》记载："大业六年冬十二月，敕穿江南河，自京口至余杭，八百余里，广十余丈，使可通龙舟，并置驿宫、草顿，欲东巡会稽。"

江南运河是京杭大运河中水运条件较好的河段，唐代做了系统的修浚。江南运河是隋南北大运河中自然环境、水资源条件最好的河段，江南运河贯穿太湖流域，河道众多，水源充足。江南运河在唐朝时称为官河，特别是唐安史之乱后，唐朝基本都是依靠东

---

① 嘉兴市档案史志网. www.jxdasz.com.［2018－12－02］

② 大运河嘉兴段概况. www.jiaxing.gov.cn.［2018－12－01］

南地区提供粮食和物资，江南运河自中唐起在唐朝占有更加重要的地位，唐朝非常重视对它的治理。江南运河自苏州向南行，比邻太湖东岸至嘉兴段，地势低洼，河湖众多，水量不但丰富，而且有时还会遭太湖来水的侵犯。吴淞江口向南经松陵镇至平望镇一段江南运河是太湖泄水的地域，地势低洼，有时会被淹没。唐元和五年(810)，苏州刺史王仲舒在苏州与吴江之间的太湖东岸、江南运河的西侧修筑了长堤，在太湖和运河之间形成了塘路，固定了江南运河河道。这个意义十分重大，它使苏州以南吴江县城至平望镇的这一段运河基本定型，为后世对本段的江南运河航运条件的改善打下了良好的基础。

宋朝江南运河经唐朝的治理与维护，通航条件得到改善，但由于唐末的战乱，江南运河某些河段又出现水量不足，通航困难的状况。为此，宋朝立国后做了不少努力，特别是南宋定都临安(杭州)后，更加重视对江南运河杭州段的治理，杭州城已形成盐桥河(今中河)、茅山河(今东河)两条运河。杭州城内水不仅有西湖供水，还有城内盐桥河(中河)等几条水道，是京杭大运河向城市的延伸，也是城内交通的主干道。南宋以临安(今杭州)作为都城，形成了以江南运河为主线连接长江，沟通川峡，通过浙东运河和钱塘江连接大海和两浙水系，沟通两浙、福建、广东地区的东南地区水系网。江南运河在隋朝按统一规模建设开通，并经唐宋两代的经营管理，一直保持着通航，在元代京杭大运河中也发挥着重要的作用。

3.2 京杭大运河

隋唐运河沟通了钱塘江、长江、淮河、黄河和海河五大水系，把中原地区、江淮地区和河北地区紧密联系起来，促进了国家的繁荣与发展。元代全国政治中心移到北京，为了加强对南方的统治以及经济联系，缩短从北京到杭州绕道洛阳的航线，将原有运河路线截弯取直，将南北大运河从北京至洛阳再至杭州这个形如“Y”形的路线，变成由北京直达杭州“S”形，形成京杭大运河，行程缩短900多千米。京杭大运河历经明清两代治理与维护，清康熙时开通中运河，使京杭大运河最终定型。京杭大运河自北向南流经今京、津两直辖市，经冀、鲁、苏、浙四省，依然贯通海河、黄河、淮河、长江、钱塘江五大水系，为我国东部地区的经济发展发挥着重要作用。元代京杭大运河在隋唐南北大运河的基础上开通而成。

3.2.1 通惠运河

通惠河开凿于元代，是京杭大运河最北端，指北京到通州的大运河段，由温榆河、白浮泉、昆明湖和白河挖接而成，长约83千米。通惠河位于海河流域北京段，是京津地区北京段的主要运河，从它开通起便承担起京城水上运输任务。在元代之前，通惠河所在的京津地区先后就有三国时期的泉州渠、新河、车箱渠，隋唐宋时期的永济渠、东南河、萧太后运粮河，以及金朝在中都开凿的运河，这些都为元代开凿通惠河打下了基础。

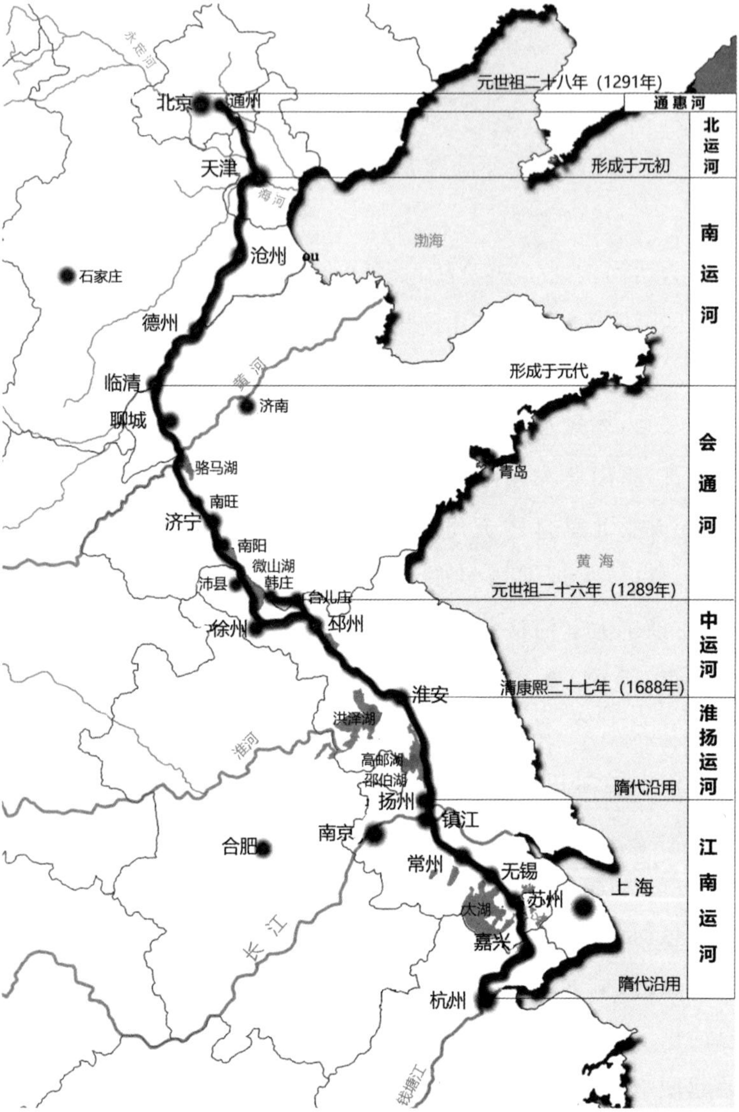

图 3.5　京杭大运河示意图

(1)元代开凿通惠河

元至元二十八年(1291),“都水监郭守敬奉诏兴举水利”,建言治理漕运河,并“首事于至元二十九年(1292)之春,告成于三十年

(1293)之秋”[①]。时年,元世祖忽必烈“还自上都,过积水潭,见舳舻蔽水大悦,名曰通惠河”[②]。但通惠河并非郭守敬首开,而是在金代由韩玉于泰和中(约1204)“建言开通州潞水漕渠,船运至都”[③]的闸河基础上疏凿而成,郭守敬在治漕河建言中有“于旧闸河踪迹导清水”句,在疏凿通惠河时发现“置闸之处,往往于地中得旧时砖木”[④],亦可为证。通惠河的别称还有大通河、里漕河、里河、泡子河等。

通惠河自昌平白浮村神山泉(白浮泉)到通州高丽庄(今张家湾),“总长一百六十四里一百四步”,大致可分为上游的白浮瓮山河,即从白浮泉至瓮山泊(或称西湖,今昆明湖)的引水段,与今京密引水渠基本吻合;中游的高粱河,即从瓮山泊至积水潭(海子、什刹海)的引水段,今称南长河;下游的通惠河漕运主水道,即从什刹海至通州张家湾的运粮段。通惠河漕运河道的疏凿减轻了京都粮食陆路运输的艰辛,后人叹喟“莫谓盈盈衣带水,胜他多少犊轮辛”。通惠河道的变化,以河道的开凿疏浚与水闸的设置兴废为标志。但闸坝数量史载不一。有载7处的、有载10处20座而实为10处18座的,也有载11处24座的[⑤],实际修建11处24闸。

通惠河开凿的成功也标志着元代从杭州到北京的京杭大运河

---

① (明)宋濂,等. 元史,卷六十四. 河渠一. 北京:中华书局,1983. 1588~15901.

② (明)宋濂,等. 元史,卷一六四一 郭守敬传. 北京:中华书局,1983. 3852.

③ (元)脱脱,等. 金史,卷一一〇,列传四十八. 韩玉. 北京:中华书局,1983. 2429.

④ (明)宋濂,等. 元史,卷六十四. 河渠一. 北京:中华书局,1983. 1588~15901.

⑤ (清)英廉. 钦定日下旧闻考. 卷八十九. 引“元史河渠志”. 中国基本古籍库(电子版). 2007. 1086.

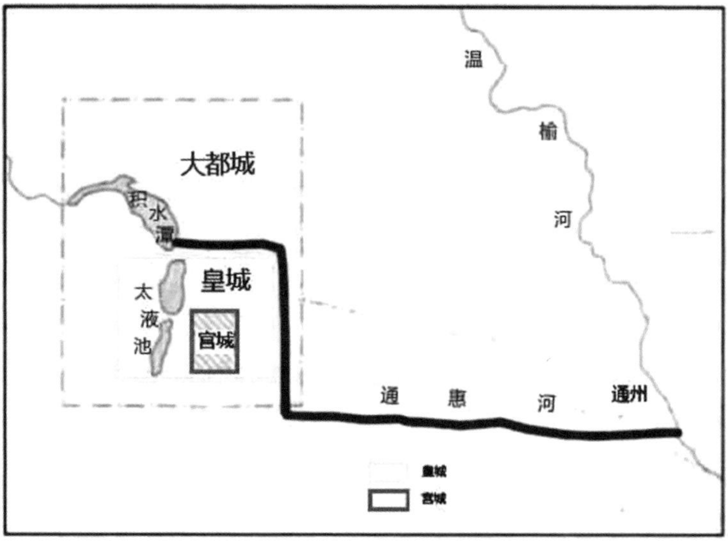

图 3.6 元大都城内通惠河示意图

的全线贯通。通惠河也成为北京的一条水运经济命脉。元代之后的明清两代都以北京为国家政治中心,通惠河也发挥着重要的漕运作用。通惠河在明清两代的河道未有大的改变,只是多次对它的水源及运河闸坝进行维护。

(2)明代通惠河概况

明朝初期改元大都为北平,永乐四年(1406)明成祖朱棣将明都城由南京迁往北平,并改名为北京.永乐十四年(1416)重建北京城。为重建北京城,在通惠河终点张家湾码头建皇木厂,至今已有600年历史。皇木厂位于通惠河畔,为明代永乐年存放筑宫殿木材之用,也称神木厂。俗有“先有皇木厂,后有北京城”之说。兴建皇城的木材通过运河集送到这里,再由通惠河浮送到皇城,这也是“漂来的北京城”之说的起源。明朝时所称的通惠河常指东便门外大通桥至通州的一段,疏浚修治也基本都在这一段。明朝对通惠河的治理未敢怠慢。

嘉靖九年(1530),通惠河治理功臣吴仲“进所编《通惠河志》。帝命送史馆,采入《会典》,且颁工部刊行”。《通惠河志》所附图,将北京城内及上游河段统称为“通惠河源委”,而将北京城东大通桥至通州段称“通惠河”,显然,这是以漕运功能作为标准,将通惠河划分为广义的通惠河与狭义的漕运通惠河。从《通惠河图》可知,大通桥与永通桥的北南两端,当时均有牌坊,而文字史料失载的重要内容,两桥之间自西往东分别标有庆丰上闸、庆丰下闸、平津上闸、平津中闸、平津下闸、普济闸6闸。

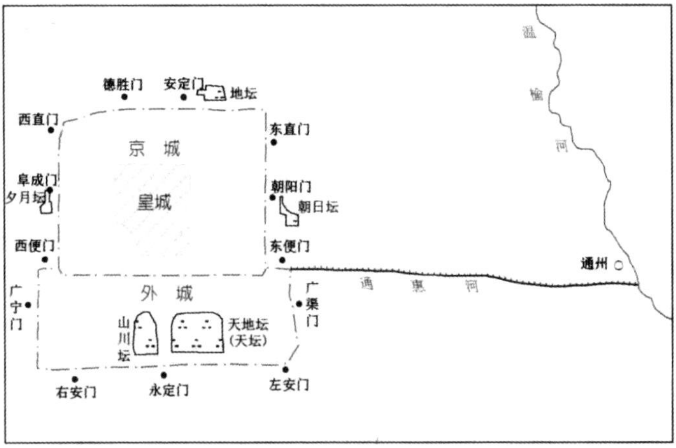

图3.7 明代通惠河示意图

(3) 清代通惠河概况

清代对通惠河的管理先期参照明朝方案,清前、中两期情况较好,但清晚期无暇顾及。顺治元年(1644)清军入关,定都北京,北京成为清朝的政治中心。清代在明代原有基础上整修北京城。城中心的皇宫紫禁城是明清两代最高权力的象征之地,皇帝登基、大婚等重大仪式都在此举行。

通惠河在清代常称为大通河,以今北京昆明湖西北玉泉山及附近的多处泉水为源头,下为裂帛湖,接瓮山泊(清乾隆十五年扩大近一倍并更名为昆明湖)，东南流经广源闸、白石桥、高粱诸闸。水流到北京城西北分为两支：一支南下为护城河，环城东而北流，历九桥、九闸，从内城东南隅流入大通桥；一支经城北德胜门入西水关，汇入积水潭，而入皇城为太液池，环绕紫禁城，经金水桥，出玉河桥，至正阳门东水关，又至东便门东水关，与城壕水合流，再经大通桥汇入大通河。清朝，特别是清朝早期，对大通河的治理不遗余力。

清代初期，通惠河河道、河堤、河闸、河坝的局部治理，几乎年年“岁修”。道光二十九年(1849)的通惠河治理“岁修图”[①]，为我们呈现了至今已经消失的、连接通惠河各闸坝上下游的“越河”(又称“月河”)。晚清道光以后，中国进入近代半封建半殖民地时期，京城局势动荡。先有咸丰年间(1851—1861)太平天国起义军截断运河，后有光绪二十六年(1900)八国联军入侵北京，运河暨通惠河的漕运中断，河道渐淤。随着光绪三十年(1904)漕运总督的被撤以及1911年清王朝的结束，通惠河的漕运功能从此结束，因漕运经济而繁盛数百年的通惠河也逐渐淡出经济市场核心圈。

3.2.2 北运河

京杭大运河从北京通惠河出发南流经过通州，进入北运河。北运河北起通州，在天津三岔河口入海河与南运河相连，全长148千米。北运河是京杭大运河北部重要河段，特别在元代海运期间，它是连接海运口岸与京都(北京)运输的主要运道。北运河由天然河道改扩疏浚而成，也称白河，是海河水系众多支流之一。北运河河道历史上变迁不大，不过其名字变化要远大于河道的变化，是京

---

① 蔡番. 北京古运河与城市供水研究. 北京：北京出版社，1987.

杭大运河中称呼最多的河段。白河上游由潮河、白河二源汇合，因此又称潮白河，西汉时称为沽水、鲍丘水；东汉至东晋称为潞水，南北朝时称为潞河，潞河下游为北运河，元代称为白河。清代顺治时设北运分司，从此多称北运河。

北运河是流经北京市东郊和天津市的一条河流，为海河的支流。干流通州至天津也即京杭大运河的北段。古称白河、沽水和潞河。其上游为温榆河，源于军都山南麓，自西北而东南，至通州与通惠河相汇合后始称北运河。发源于北京市昌平区及海淀区一带。向南流入通州区，在通州区北关上游称作温榆河。然后流经今河北省香河县、天津市武清区、在天津市大红桥汇入海河。支流有通惠河、凉水河、凤港减河、龙凤河。漕运咽喉河西务，曾盛极一时。北运河古称“御河”，是天津重要的一级河道，海河干流的重要组成部分，承担着防洪、引滦输水任务。

(1)北运河支流

北运河上有东沙河、南沙河、北沙河汇于昌平区沙河镇后，称温榆河，下有清水河、小中河、小坝河汇流于通州区北关，始称北运河。南流有通惠河、凉水河、龙凤新河等纳入，并有运潮减河、青龙湾减河、筐儿港减河分水，至屈家店与永定河汇流，再至天津市新大红桥以下汇入西河(子牙河)。

清水河、小中河、小坝河：属温榆河之支流，是承泄北京市部分城区及郊区农田沥水河道，标准不及五年一遇。

通惠河、凉水河、龙凤河：为北运河支流。通惠河由北京东便门大桥始至通州区，在古漕运时代，由于北京至通州区高差达 15 米，曾设闸 8 座，以平衡水位，水源曾取之于京西玉泉山及永定河，现已荒废。

凉山河：源出北京西郊，经北京护城河，东流至榆林庄入北运河。

龙凤河：系龙河和风河合流后总称。龙河系汇集永定河左岸外与京津铁路间平地之水及永定河左岸透堤水。风河系汇集北京南苑洼地泉水，东南流至豆张庄北与龙河汇流。龙凤河水量随沥水增减而增减。为解决龙凤两河下泄，1955年3至6月开挖西起大南官村北龙凤河汇流处，东至姚庄子汇入北运河的龙凤新河。

运潮减河：1960年在通州区北关左岸，开挖运潮减河，并在北运河上修建分洪枢纽工程，拦洪闸最大泄量为788立方米每秒，分洪闸为500立方米每秒，经运潮减河至东堡入潮白河。

青龙湾减河：清雍正七年（1729）于土门楼建青龙湾减水坝，清雍正九年（1731）开挖青龙湾减河，1926年在减水坝的基础上改建为闸，40孔，每孔3米。原青龙湾减河下口为七里海，大黄铺洼系狼儿窝决口所形成的分洪区。

筐儿港减河：由于北运河在筐儿港处接连决口，清康熙三十九年（1700）开挖减河分流直通塌河淀，清乾隆四十九年（1784）减河下游淤废，重开一段新河入七里海与现北京排污河线路相近[①]。

青龙湾减河，于清雍正九年（1731）开挖，主要是分泄北运河之洪水。上起自河北省香河县土门楼村，最初是经由武清、宝坻至宁河俵口村附近入七里海，全长71千米。青龙湾减河上口与北运河干流相交处，原先建有条石料的减水坝，1926年改建为分洪闸，即土门楼闸。1950年，曾对河道进行疏浚复堤，在狼儿窝决口处建一分洪口门，分泄青龙湾减河洪水入大黄堡洼，再入金钟河随之

① 天津市地方志编修委员会．天津通志·水利志．天津：天津社会科学院出版社，2005年：251．

入海[①]。

(2)北运河、南运河三岔河口段

天津三岔河口,古名为三会海口。天津聚落形成始于京杭大运河的开通。在南运河和北运河的交汇处、金钢桥三岔河口地方,史称“三会海口”,是天津最早的发祥地。唐中叶以后,天津成为南方粮、绸北运的水陆码头。金代在直沽设“直沽寨”,元朝设“海津镇”,是军事重镇和漕粮转运中心。

《天津卫志》载:“三岔河在津城东北,潞、卫二水会流。潞水清,卫水浊,汇流东注于海。”明确记述了旧三岔河口位于天津城东东北隅(今狮子林桥附近),为子牙河、南运河(潞)、北运河(卫)的三河交汇处。这里曾是天津最早的居民点、最早的水旱码头、最早的商品集散地,故有“天津摇篮”的美称。

608年,隋炀帝开通大运河的永济渠时,三岔河口就已经成为航运要道,并逐渐有了以捕鱼、晒盐为生的人家。1153年,金迁都中都(今北京),利用河北平原的河流组织漕运,于1214年设立直沽寨(又称泥沽寨)。不久,大直沽、小直沽和三汊沽等聚落相继出现。

元朝改直沽寨为海津镇,三岔河口成为海运、漕运的南粮船队的必经之路,一时出现“晓日三岔口,连樯集万艘”的繁荣景象,更有“万商辐辏之盛,亘古未有”的记载。1404年,燕王朱棣扫北,赐名天津,并在直沽渡跸处(今北大关)立牌坊一座,横额为“龙飞渡跸”。因天津得名在三岔河口之后,故史有“先有三岔口,后有天津城”的说法。

清代,随着京杭大运河的进一步畅通,直沽的漕运达到了鼎盛

① 天津市地方志编修委员会. 天津通志·水利志. 天津:天津社会科学院出版社,2005年:254.

时期，三岔河口也发展为天津最早的商品集散地，天津也成为中国北方水运交通枢纽。南运河两岸新建的码头、货栈、商店、客栈如雨后春笋。竹竿巷、大胡同、北大关、锅店街、针市街、侯家后等地逐渐成为商贾云集、店铺林立，尤其是侯家后一带，更成为天津商业、娱乐业的繁华中心。

从1901年至1923年，海河先后进行了6次裁弯取直，其中1918年第三次的“天主堂裁弯”工程就是针对三岔河口进行的。经过这次裁弯取直，三水交会之处向北推移，就成了大家今天见到的新三岔河口了。

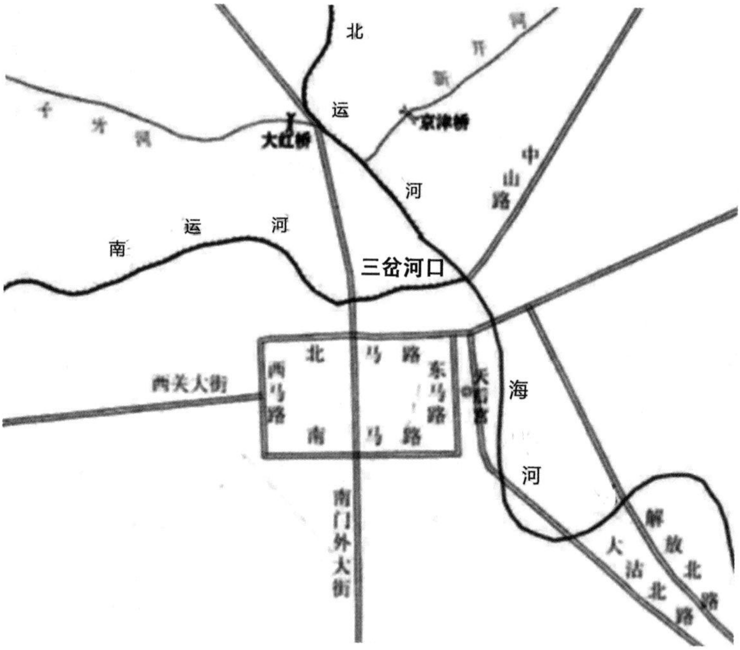

图3.8　天津三岔河口

3.2.3　南运河

南运河是指从天津到山东临清段的运河，自南而北经山东德州，河北故城县、东光县、泊头市、沧州市、青县，至天津静海区，在三岔河口与北运河相接，全长446千米。南运河是京杭大运河河段中名称变化较多的一段，隋朝时期为永济渠的一部分，唐宋及元时称为御河，明清时期因为水源不同而分卫漕和白漕；清代起山东临清至天津段称为南运河。清《续行水鉴》记载："卫河，一名御河，一名永济渠，亦曰南运河，亦曰北河，亦曰漕河，又名卫漕，又名清河，漳河之水自西南来合流注之，又名漳御河。"

《天津通志·水利志》：南运河乃人工运河，东汉建安十一年(206)曹操开凿平虏渠，南迄参户(青县境内)北行入泒水，与东汉建安九年(204)开凿的"引淇水入白沟"共入清河，为后来开凿南运河奠定了基础。隋大业四年(608)重修永济渠，基本上利用曹魏时旧渠。因沁、淇两河合于卫又得名卫河。因隋炀帝乘龙舟沿永济渠抵涿郡，故又名御河。

元至元二十年(1283)至元二十九年(1292)，先后开通济州河、会通河、通惠河，从此京杭运河不再绕道中原，起名为京杭大运河，以天津三岔河口为界，南为南运河、北为北运河。元代天津至临清段的御河已经成为京杭大运河体系中真正意义上的南运河，它继承了原永济渠、御河的偏北区段。元代河北段的南运河已不同于隋唐时期的永济渠，那时南运河仅为永济渠下游一段区间运河，而元代它从天津到临清后直接连会通河，不再绕道洛阳。临清以南到武陟段的永济渠主要对南运河水源进行补给。元代南运河河道自天津向西会卢沟河、拒马河、淀水等河，自静海区境南折，南流与清河、滹沱河、漳水合流相会，再过沧州到临清，通称南运河。

明代时御河也称卫河，因用卫河进行漕运，又称卫漕。卫河源出河南北部辉县西北苏门的百门泉(也称百泉)，与源出太行山东麓清水合，折而东流，经新乡，又折东北流，至浚县西南淇门镇与淇水汇合；又东北流，至河北省馆陶西和漳水合，又东北流，至临清和会通河并流；再向东北，经德州、沧州，至清县南和滹沱河，北达天津，会白河入海，与永济渠线路基本一致。其中天津至临清称为卫漕。

3.2.4 会通河

京杭大运河从南运河的南端山东临清向南进入会通河段，南止于山东枣庄市，整个河段都位于山东省境内，因此也称山东运河或鲁运河，全长约450千米。会通河形成于元朝，它的开凿历史可以追溯到公元前482年。当时春秋战国诸侯战乱频仍，基于战争或争霸的需要，齐鲁大地上陆续开挖了菏水运河、淄济运河等区域性运河，它们的开凿奠定了会通河的早期雏形。之后东晋、隋唐和宋朝在山东地区开凿的区间运河，也为元代开凿山东境内的运河奠定了基础。

(1)元代会通河的开凿

元代对会通河的规划和开凿完成了京杭大运河裁弯取直，形成了元明清直至现代的总体运河格局。南宋初建炎二年(1128)，黄河夺泗水入淮，强占淮河入海水道。黄河迁徙频繁，泗水自徐州以下为黄河所夺，河床淤高。徐州以上的泗水因下游排水受阻，壅塞成湖，在淮北、河北平原上泛滥，隋唐宋三期的南北大运河河道常被冲断。加之隋唐宋时期的南北大运河从江南来的漕船需要先绕道洛阳，抵达北京更加费时费力。综合这两方因素，元代需要寻求直达华北的新水路。会通河的开凿分两部分：一部分以安山(今梁山县北码头村，非现在的安山镇)为界，从济洲(今济宁)到安山镇，为元代开凿的济州河，长约75千米；另一部分从安山到临清，长约125千米。后将二河统一称为会通河。

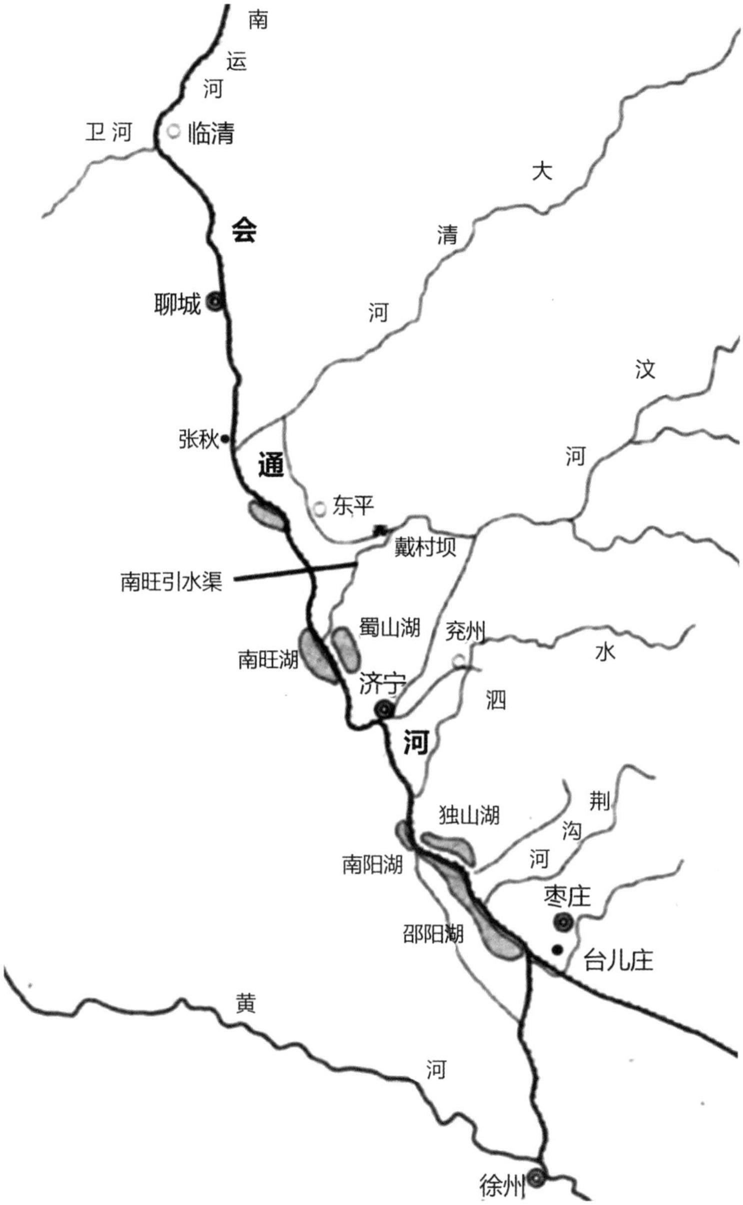

图 3.9 会通河全线示意图

元代开凿会通河范围为临清至济宁南鲁桥，后也多将济宁南至徐州的自然水道泗水纳入会通河范围。会通河北经张秋镇过大清河，至临清入御河，为新开河道，水源主要以泗水、汶水为主；南至徐州接黄河，利用古泗水运道。会通河水源以泗水和汶水为主，为了能有效地引二水济运，开河工程之后，接着进行了修建闸坝工程，以解决会通河的引水问题。

(2)明代会通河水利枢纽

明代是会通河形成和发展的关键历史时期，明代对会通河的疏浚、修缮之功不可小觑。会通河河道以淮河水系的汶水、泗水为主要水源，地势起伏复杂。明代自疏浚济宁以北的会通河起，相继完成了疏浚、建设京杭大运河的许多工程，其中为保证运河水源及水量，宋礼主持完成了"戴村坝——南旺引水枢纽、临清分水枢纽和济宁堽城堰——兖州引泗济运工程"是最为重要的水利工程①。另外，开挖南阳新河以避黄淤与开泇河以避险滩这两项也是较大的工程。明代政府将会通河人工开凿河段从山东临清通到山东台儿庄后，山东运河线路基本定型，京杭大运河全线贯通。这些水利工程为清代打下了良好的基础，会通河在清代也承担着繁忙的漕粮运输任务。清代会通河仍延明朝制，清代会通河河道在明代的基础上未做过多的变化，也未兴建较大的工程。在清代漕运发展繁荣期多对会通河进行了一些补缀和维修工作。除明代打下的基础外，清代会通河河道没有较大的变化，清代后期只是开凿了一些局部运河，例如微山湖口伊家河和通惠新河。

---

① 毛峰，吴永兴，李喜佳等：《京杭大运河开凿与变迁》，北京：电子工业出版社，2014年版。

3.2.5 中运河

京杭大运河由北到南过了会通河便是中运河河段，中运河从台儿庄到淮阴（今淮安），全长约为186千米。中运河是北接会通河，南连江淮平原的淮扬运河（里运河）的纽带。中运河在京杭大运河所有河段中形成的时间最晚，明朝以前，京杭大运河徐州到淮安基本以当时夺淮入海的旧黄河为运道。从明朝开凿南阳新河及泇运河拉开京杭大运河与黄河分离的序幕开始，直到清代，中运河才正式形成。中运河的形成反映了处理黄河与运河的关系的改变，即变“借黄行运”为“避黄行运”。中运河的开通使京杭大运河彻底脱离了黄河运道，并最终定型。

自台儿庄向南穿过淮河至淮阴清江大闸的一段大运河，长186公里，称中运河。在19世纪中叶黄河北徙从前的六百间，中运河曾穿过奔腾的黄河。黄河、淮河和大运河三水交汇后，水大流急，因此历代沿河修筑堤防特别多。中运河与微山湖、骆马湖和中国第四大淡水湖洪泽湖互相连通，用玄武岩，条石构筑成的洪泽湖大堤。中运河的开通结束了元明以来京杭大运河借道黄河航运的历史，不论是漕船，还是商贾客船都深感航行安全与方便。《清史列传・靳辅传》记载：“漕挽安流，商民利济。其功于运道民生，至大且远。”从京杭大运河发展形成的角度来看，中运河的开通完成了京杭大运河的最后定型。

3.2.6 淮扬运河的沿用

淮扬运河从淮河南岸的淮安到长江北岸的扬州，是为连接长江与淮河两大自然水系而开凿的人工运河。淮扬运河北起淮安清口枢纽，过楚州、宝应、高邮、江都，南止扬州邗江瓜洲入长江，全长

197千米。淮扬运河是由古邗沟发展演变而成的,是京杭大运河中开凿历史最早的一段。

元代漕运以海运为主,因此对淮扬运河的治理史书记载不多。金代以后黄河开始了长达近七百年的南流夺淮,给淮扬运河带来了两方面的巨大影响。一方面,黄河水量大、水势强,而阻滞流量小、水势弱的淮河东流,使淮河下游汇诸为洪泽湖、高邮湖和宝应湖等多个大湖,所以只有依靠筑堤挡水,保护诸湖以东淮扬运河下游地区。历经各朝各代的维修,完成南起扬州,北到淮安,长180千米的运河大堤。另一方面,黄淮汇流,河水溢入运河,淮河与运河都受到黄河带来的泥沙淤塞,河床皆日益增高,迫使淮河取道南下或由运河西侧诸湖入江。淮安境内只有黄河而无淮河,改变了过去江淮之间南高北低的地势,变为北高南低。在此以前,江淮之间的运河水患很少。在此之后,由于黄河干扰,水患变频。淮扬运河北端清口成了黄河、淮河、运河三河交汇之点,水情多变。淮扬运河的整治主要就是疏浚河滩、河道及河床和筑堤置闸两方面。历经明清两代的经营,淮扬运河的治理逐渐完善。

3.2.7 江南运河的沿用

江南运河历史悠久,它与淮扬运河一样,开凿历史最早可以追溯到春秋时期,经历代发展,直到隋炀帝开通南北大运河并成为其组成部分。江南地区农业发达,是历代王朝漕粮供给之地,经唐宋治理发展,直到元代京杭大运河贯通,依然是其重要的组成部分,同时也是南粮北运的起点。

江南运河水运条件好,元代在开通京杭大运河时并未对这段航道做大的改动。明成祖朱棣定都北京后,恢复了京杭大运河的漕运,江南运河由中央直接管理。江南运河南段经唐宋元三代的改道治理，水量丰富，航运便利，已基本定型。明代对江南运河治理的重点主要在北段。为保证水源，河道通畅，主要进行了一些疏浚和维护工作，诸如疏浚孟渎、德胜新河、江阴运河等几条通江支河引水或作为替代航道，大力治理练湖等。除此之外，在明朝建立之初，还曾开凿胭脂河，治理胥溪运河，扩大江南运河体系。

江南运河在清代航运条件较好。清代江南运河镇江运口由江南河道总督管理，其他河段主要各由地方管理。江南运河的问题主要集中在京口至无锡之间，由于长江潮水挟沙入河引起淤积，需要定期进行疏浚与维护。清朝廷十分重视江南运河南段的堤岸建设。塘栖是杭州的北大门，康熙皇帝在两次（分别为 1684 年和 1707 年）南巡时都对塘栖的运河堤岸和塘路进行了修缮。乾隆十六年（1751）下江南时在塘栖运河沿途大规模整修石砌堤岸及塘路。由于水陆交通便利，塘栖镇作为江南运河与杭嘉湖水网地区的交通枢纽，经济日益繁荣，人口增加，成为杭州市著名古镇。江南运河的繁盛随着清朝的衰落、太平天国运动而间歇，太湖流域的居民避难到上海。清代末，渐行海运，苏杭等地漕粮经由上海北运到天津。废除运河漕运后，江南运河也很少再有治理。

3.3　浙东运河

京杭大运河由北京直达杭州，从北到南一气贯通，但杭州并不是中国大运河的最南端。在浙江境内还有一条存续千年的浙东运河。浙东运河是京杭大运河的延伸，它自杭州萧山起向东达宁波入海。浙东运河是中国大运河东南方向的端点，是内河与外海的连接纽带。浙东运河的终点也是古代海上丝绸之路的重要起点。浙东运河的开凿可以追溯到春秋时期，形成于东晋初期，后经历代疏浚治理，通航状较好，是我国连续使用时间最长的运河之一。

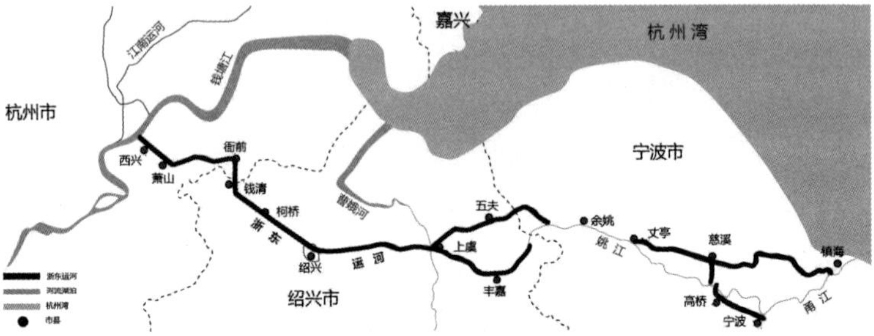

图 3.10　浙东运河示意图

(1)浙东运河的开凿

浙东运河的全线开凿在东、西晋时期，作为农田灌溉和漕运之用，现称杭甬运河。因浙东运河借用许多现成河流，所以许多浙东运河段也用河流名称，例如甬江(浙东运河宁波入海水道)、曹娥江(浙东运河绍兴入海水道)。浙东运河西起杭州三堡，经钱塘江航行 27 千米后，又经萧山、绍兴、上虞、余姚、宁波至镇海流入东海，全长 252 千米，沟通了钱塘江与甬江之间的宁绍平原东西向水系。浙东运河给千年古运河提供了一条便捷的出海通道。

浙东运河西起杭州市滨江区西兴街道，在经过西兴之后进入萧山区境内，随后进入柯桥区钱清镇，与钱清江故道相交。此后运河向东南进入越城区境内，与曹娥江相交。自西兴至曹娥江的运河又名“萧绍运河”。过曹娥江后，运河进入上虞区境内，分为两支。北侧运河又名“虞余运河”，从曹娥江东岸上虞百官的上堰头至余姚市曹墅桥连接姚江。南侧运河又名“四十里河”，自曹娥江至通明坝汇入姚江，另有后新河、十八里河并行。此后主河道进入自然河道，在丈亭镇分出支流称“慈江”，在宁波市海曙区高桥镇大西坝分出支流称“西塘河”。此后干流经姚江与奉化江在宁波三江口汇合成甬江，最后在镇海招宝山东面汇入东海。慈江自西向东，在慈城南面分出支流“剎子港”，在小西坝联通姚江。慈江干流经过化子闸改称“中大河”，此后从江北区进入镇海区，最后汇入甬江。西塘河向东到达宁波老城望京门，连接护城河和城内水系，并与奉化江相连[①]。在自然河道形成内外江平行的格局是为了避让外江潮汐并截弯取直[②]。

(2)浙东运河的发展

由于浙东地区水量充沛，因而修建运河较为容易，从而运河的修建过程常常并不见诸史料。据考证，浙东运河的历史可以追溯到春秋时期的山阴故水道。根据《越绝书》载，山阴故水道起于范蠡修建山阴大城（大致相当于今绍兴老城）东郭门，终于上虞东关练塘，长 20.7 千米。晋惠帝时，为满足灌溉需要，由会稽内史贺循主持，修建从钱塘江东岸的西兴至会稽城的西兴运河。此后，这段运河与上虞以东运河以及姚江、甬江的自然水道形成了浙东运河。南北朝时，经过官方和民间的经营，运河的形制已经基本成型。唐代中叶，随着江南运河沿线航运的日益繁忙，浙东地方官员主持疏浚浙东运河，增设堰碶设施，开挖新河道并疏浚鉴湖使之成为运河重要的水源。

南宋定都临安，宋金对立使得京杭大运河北部与江南联系中断，因而浙东运河和江南运河一起成为南宋的生命线。加之南宋重视对外贸易，而庆元府（今宁波）是当时重要的对外贸易港口，因

① 杭甬运河（宁波段）主要人工河段（塘河）考证. 宁波市文物保护管理所，2009.

② 姚汉源. 浙东运河史考略. 京杭运河史. 中国水利出版社. 1990：736－766.

而南宋政权格外重视对浙东运河的整修。南宋初年,宋高宗赵构即征发民夫修整浙东运河绍兴及余姚段。在整个南宋统治时期,浙东运河经过多次整饬,航运条件有了较大改善。据《嘉泰会稽志》,当时浙东运河在杭州市萧山区和上虞市内可通行二百石船只,而山阴县和姚江可通行五百石船只。此时的运河航运条件和繁荣程度均达到极盛。

元明时期,官方对浙东运河的修缮和维护仍然在进行,使得浙东运河的航运一直不废,但已不如南宋时的繁华。明代,浙东自然条件发生了变化。原先阻隔运河的钱清江窨塞,钱清南北堰拆除,因而萧山、曹娥之间的水路不再有阻隔。随着明代浙江各地海塘的建设和海涂的开发,运河沿线形成了湖泊密布的水系。清代,浙东运河日渐衰败,运河沿线的驿站多有撤并。据黄宗羲记叙,此时的浙东运河较大的船只不过数十艘,与南宋以百记已不可同日而语。尤其是清末,随着轮船和杭甬铁路的出现,浙东运河的作用逐渐被取代。

第四章
工业考古视野中大运河的景观内容

4.1　运河上的遗产组成部分

大运河位于中国中部和东部地区，是世界上开凿最早、使用时间最长、规模最大的人工运河。它贯穿北京、天津、河北、山东、安徽、河南、江苏和浙江8个省级行政区，连接着海河、黄河、淮河、长江和钱塘江五大水系。南北向运河北起北京，南至浙江杭州，海拔30°12′— 40°00′；东西运河西起洛阳，东至浙江宁波，经度跨度112°25′— 121°45′。2014年6月22日，卡塔尔多哈第38届世界遗产大会批准“中国大运河”列入世界遗产名录。登录地包括河道遗产27段，以及运河水工遗存、运河附属遗存、运河相关遗产共计31个组成部分，58处遗产，河道总长度1011千米。

表4.1　按省市划分大运河河段

省/直辖市级	城市	运河遗产组成部分	
北京市		TH—01	通惠河北京旧城段
		TH—02	通惠河通州段
天津市		BY—01	天津三岔河口(北、南运河及海河交汇处)
河北省	沧州市	NY—01	南运河沧州—衡水—德州段
	衡水市	NY—01	南运河沧州—衡水—德州段
江苏省	无锡市	JN—02	江南运河无锡城区段
	常州市	JN—01	江南运河常州城区段
	苏州市	JN—03	江南运河苏州城区段
	淮安市	HY—01	清口水利枢纽
		HY—02	总督漕运公署遗址
	扬州市	HY—03	淮阳运河扬州段
	宿迁市	ZH—02	中运河宿迁段

续表

省/直辖市级	城市	运河遗产组成部分	
浙江省	杭州市	JN—04	江南运河嘉兴至杭州段
		ZD—01	浙东运河萧山至绍兴段
	宁波市	ZD—02	浙东运河上虞至余姚段
		ZD—03	浙东运河宁波段
		ZD—04	宁波三江口
	嘉兴市	JN—04	江南运河嘉兴至杭州段
	湖州市	JN—05	江南运河南浔段
	绍兴市	ZD—01	浙东运河萧山至绍兴段
		ZD—02	浙东运河上虞至余姚段
安徽省	淮北市	TJ—06	柳孜运河遗址
	宿州市	TJ—07	通济渠泗县段
山东省	枣庄市	ZH—01	中运河台儿庄段
	济宁市	HT—03	南旺水利枢纽
		HT—04	会通河微山段
	泰安市	HT—03	南旺水利枢纽
	德州市	NY—01	南运河沧州—衡水—德州段
	聊城市	HT—01	会通河临清段
		HT—02	会通河阳谷段
河南省	郑州市	TJ—03	通济渠郑州段
	洛阳市	TJ—01	洛阳含嘉仓遗址
		TJ—02	洛阳回洛仓遗址
	商丘市	TJ—04	通济渠商丘南关段
		TJ—05	通济渠商丘夏邑段
	安阳市	WH—01	永济渠(卫运河)滑县浚县段
	鹤壁市	WH—01	永济渠(卫运河)滑县浚县段
		WH—02	浚县黎阳仓遗址

4.1.1 运河河段

中国地势总体上是西北高东南低，分三步，由西向东逐步下降。中国大部分的河流都是由西向东流动的，所以自然的河流系统大多是向东流入大海的。在中国东部，由北至南有五个水系盆地，它们是由水系分隔形成的，是大运河的自然背景。大运河主要穿越华北平原、山东丘陵区、长江三角洲和宁波一绍兴平原等地理区域。大运河从北向南跨越两大自然气候带，即温带季风气候和亚热带季风气候，气候条件差异极大，区域和空间水资源分布极不均匀。这些特殊的气候条件决定了大运河的水源和防洪是大运河面临的严峻挑战。由于自然条件的多样化，中国历代政府都难以直接利用自然河湖系统，修建一条贯通南北的人工运河，内河航道的维护也十分困难。与此同时，这种多样化的自然地理背景也使大运河的不同部分具有鲜明的特色。

大运河是一个复杂的时空变化系统，由上述 10 个运河段在不同时期、不同地区、各自独立演化而成。这 10 条河段因其所处的地理环境和人文条件不同，有着各自独特的地段，其中包括 27 条运河航道。大运河的河道是单独开凿的，这些河道大多经历了复杂的演变，在不同的历史时期，其组成和主要特征有很大的差异(图 4.1)。因此，大运河并不是一次性建成的，而是在历代地方航道不断发展的基础上进行挖掘、疏浚和连接，最终打通了整条航线。历史上有两次大贯通。公元 7 世纪初，隋朝中央政府在现有的运河基础上进行统一规划和建设，并修建一些新的运河河道，连接现有的当地内河运输系统，最终完成南北大运河的第一次全线贯通。之后，在元朝(13 世纪)，开凿了通惠运河和汇通运河，开凿于晋代的北运河也被重新修复，清代开凿了中运河这使得大运河完成第二次南北大贯通。

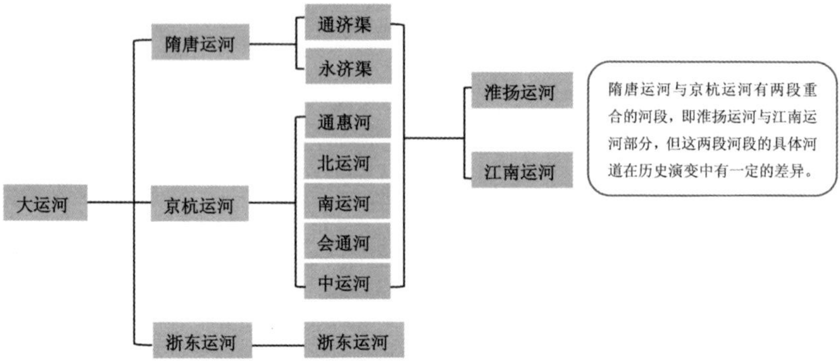

图 4.1 **大运河组成部分**

表 4.2　大运河具体河段的内容

10 段运河	运河河段特征	编号	河段的组成部分	10 段运河河段组成部分的特征与表现
通济渠	中国古代早期开凿的一段重要运河，规模较大，体现了中国古代早期的规划思想和技术巅峰	01	洛阳含嘉仓 160 号遗址	它位于京杭大运河其中的历史终点之一——隋、唐时期皇城洛阳内的皇家粮仓，从它的位置以及存储容量和出土文物等重要环节来看，足以证明含嘉仓在唐朝大运河漕运向朝廷的供给方面的重要地位。
		02	洛阳回洛仓遗址	大运河沿岸大型国家粮仓之一，粮仓布局完整，粮仓众多，反映了隋代运河漕运规模及国家直属相关仓储设施的建设。
		03	通济渠郑州段	通济渠仅有的两条水道之一，反映了大运河的路线，其考古遗迹有助于解释早期运河的形状和规模，以及反映了通济渠与黄河水源之间的关系。
		04	通济渠商丘南关段	通济渠沿线现存的重要运河航道和水利设施，展示了唐宋时期通济渠夯土护岸的制作和技术，以及运河巨大的航道规模，反映了航道的历史走向。
		05	通济渠商丘夏邑段	通济渠沿线现存的重要运河航道和水利设施，展示了隋唐宋时期通济渠的巨大规模、堤防的形式和技术，反映了运河航道的历史走向。
		06	柳孜运河遗址	通济渠中重要的水设施和桥梁结构，发掘出土的船只作为运河漕运的直接见证，它展示了河道的规模和路径，以及展示出在隋唐宋时期建造石质的水利设施的高超技术。
		07	通济渠泗县段	它是通济渠仅存的两条水道之一，反映了通济渠水道夯土护岸的做法和运河航道的线路。
卫运河永济渠	早期开凿的具有重要军事战略意义的重要运河段，是维系中原与华北密切联系的运河段之一	08	永济渠（卫运河）滑县浚县段	它是目前卫运河（永济渠）中保存历史最久远的古运河水道，反映了卫运河（永济渠）的线路走向。
		09	浚县黎阳仓遗址	它是运河沿岸的大型转运粮仓之一，位于黄河和永济渠之间，具有重要的战略地位，始建于隋朝，一直使用到北宋。它反映了从隋朝到宋朝，从筒仓到仓库的形式变化，以及永济渠的重要军事战略地位

续表

10段运河	运河河段特征	编号	河段的组成部分	10段运河河段组成部分的特征与表现
淮扬运河	具有悠久历史的运河段，持续的建设和维修，体现了受运河和逐渐人工化过程影响的大规模自然河湖时空的变化	10	清口水利枢纽	它是为解决运河跨越黄河连接淮河这一难题而修建的大型水利枢纽，是大运河科技价值最高的节点之一。它已经使用200多年。
		11	淮安总督漕运公署遗址	它是现今仅存的漕运最重要的管理机构遗址。
		12	淮扬运河扬州段	它是运河使用时间最长的河段之一，见证了运河沿线水系和沿湖水系的变化，见证了运河开凿之初水源的变化，后来逐渐脱离自然水系。
江南运河	体现特定自然环境条件下的运河设计规划的合理性，展示中国古代优质的水利设施设计、建设和管理技术成果	13	江南运河常州城区段	它是南方运河城区的典型河段，反映了伴随运河而来的城市特色。
		14	江南运河无锡城区段	它是南方运河城区的典型河段，反映了运河所伴随的城市风貌。
		15	江南运河苏州城区段	它是连续使用时间最长的河段，反映出运河沿线城市的特色，由于运河使得城市变得繁荣，以及太湖水系统对运河的影响，也是目前大运河中最繁忙的黄金水道。
		16	江南运河嘉兴至杭州段	它是运河连续使用时间最长的区段之一，展示了中国东南水网密集地区运河航道的网络体系。也反映了因运河而发展起来的城市特色和因运河而繁荣的过程，也是大运河连接钱塘江水系的一段河道。
		17	江南运河南浔段	它是江南运河保存较好的支流水道，反映了运河沿线的城市风貌和运河所带来的地区繁荣。

续表

10段运河	运河河段特征	编号	河段的组成部分	10段运河河段组成部分的特征与表现
浙东运河	连接大运河和海上丝绸之路的一段河段	18	浙东运河杭州萧山至绍兴段	它是连接钱塘江、曹娥运河的重要交通枢纽，也是大运河通航时间最长的河段之一。
		19	浙东运河上虞至余姚段	它是连接曹娥河和姚河的重要水道，对两岸经济繁荣起着重要作用。
		20	浙东运河宁波段	为避免潮汐影响而修建的航道，反映了大运河处理潮汐问题的规定。
		21	宁波三江口	整个大运河的终点，也是自宋代以来大运河与海上丝绸之路的连接点。
通惠河	大运河的北端，对北京城市布局的形成有着重要的影响	22	通惠河北京旧城段	它是元、明、清时期大运河的北端——什刹海和原玉河至什刹海的水道，也阐明了运河规划设计对城市形态和布局的影响。
		23	通惠河通州段	位于通惠河与北运河的交会处，是明清时期漕运运输的重要节点。
北运河	历史上见证海上和运河运输的重要节点	24	天津三岔河口（北、南运河及海河交汇处）	它是北方城市运河的重要河道之一，连接南运河和北运河，是海运和漕运的枢纽。
南运河	建有许多弯道的运河，以减少纵向坡度，确保运输顺畅	25	南运河沧州至德州段	南运河中一闸三弯技术的典型实例，包括清代运河夯土水利设施的完好遗存。

续表

10段运河	运河河段特征	编号	河段的组成部分	10段运河河段组成部分的特征与表现
会通河	建有许多分水闸的运河水道和横跨整个大运河水脊的水利综合工程	26	会通河临清段	它位于会通河与卫运河（永济渠）和南运河的交汇处的一个关键位置，包括现存唯一的一个钞关。
		27	会通河阳谷段	它是会通河的重要河道，突出反映了会通河作为“水闸运河”的特点。
		28	南旺水利枢纽	它是为解决运河跨越河脊的难题而修建的大型水利枢纽，是大运河科技价值最高的节点之一。
		29	会通河微山段	它是大运河中唯一一段在湖中的河道，为脱离黄河水系而开凿的，反映出大运河沿线通过人工干预后河流和湖水的变化和为适应变化运河河道发展演变的过程。
中运河	一段典型的完全由人工开凿的运河线路	30	中运河台儿庄段	这是北方城区运河的重要河道之一。
		31	中运河宿迁段	它是为脱离黄河水系而开凿的大运河河段，中运河的建成标志着人类已具有完全掌控整个大运河的能力。

表 4.3　通济渠河段遗产元素

运河河段组成部分	编号	遗产河道	运河遗址	河段包括的遗产元素	河道长度（千米）
通济渠郑州河段	TJ—03	通济渠郑州河段	汴渠暖盰渠遗址		20
通济渠商丘南关段	TJ—04	通济渠商丘南关段			1
通济渠商丘夏邑段	TJ—05	通济渠商丘夏邑段			0.5
柳孜运河遗址	TJ—06	柳孜运河遗址		柳孜桥梁遗址	2
通济渠泗县河段	TJ—07	通济渠泗县河段			6

表 4.4　永济渠河段遗产元素

运河河段组成部分	编号	遗产河道	运河遗址	河段包括的遗产元素	河道长度（千米）
永济渠滑县浚县段	WH—01	永济渠滑县浚县段	永济渠（卫运河）		18

表 4.5　淮扬运河河段遗产元素

运河河段组成部分	编号	遗产河道	运河遗址	河段包括的遗产元素	河道长度（千米）
清口水利枢纽	HY—01	淮扬运河淮安河段		清口水利枢纽 淮安双金闸 淮安清江大闸 淮安洪泽湖大堤	46
				高邮盂城驿	
淮阳运河扬州河段	HY—03	淮阳运河扬州河段	里运河 （包括明清时期高邮河道） 明清时期邵伯河道 古邗沟河道 古扬州、瓜州河道	江都邵伯古堤 邵伯码头 瘦西湖 扬州天宁寺行宫 扬州个园 扬州汪氏小苑 扬州盐宗庙 扬州卢绍绪宅	134

表 4.6　江南运河河段遗产元素

运河河段组成部分	编号	遗产河道	运河遗址	河段包括的遗产元素	河道长度（千米）
江南运河常州城区段	JN—01	江南运河常州城区段	江南运河古河道		23
江南运河无锡城区河段	JN—02	江南运河无锡城区河段	古运河旧道	清名桥历史文化街区	14
江南运河苏州城区段	JN—03	江南运河苏州城区段	山塘河 胥江河 平江河 苏州古运河环河	盘门 宝带桥 山塘历史文化街区 平江历史文化街区 吴江运河古纤道	73

续表

运河河段组成部分	编号	遗产河道	运河遗址	河段包括的遗产元素	河道长度（千米）
江南运河嘉兴—杭州河段	JN—04	江南运河嘉兴—杭州河段	苏州塘河 杭州塘河 峘塘运河 盐桥河 龙山河	嘉兴长安闸 杭州凤山水城门 杭州富义仓 嘉兴长虹桥 杭州拱宸桥 杭州广济桥 杭州桥西历史街区	187
江南运河南浔河段	JN—05	江南运河南浔河段（峘塘运河）		南浔古镇	2

表 4.7　浙东运河河段遗产元素

运河河段组成部分	编号	遗产河道	运河遗址	河段包括的遗产元素	河道长度（千米）
浙东运河杭州萧山—绍兴河段	ZD—01	浙东运河杭州萧山—绍兴河段	西兴运河 绍兴城运河 护城河 古山阴河道	西兴过塘行码头 绍兴八字桥 绍兴八字桥历史街区 绍兴古纤道	90
浙东运河上虞—余姚河段	ZD—02	浙东运河上虞—余姚河段			25
浙东运河宁波河段	ZD—03	浙东运河宁波河段	洑河		23
宁波三江口	ZD—04			宁波庆安会馆	

表 4.8　通惠河河段遗产元素

运河河段组成部分	编号	遗产河道	运河遗址	河段包括的遗产元素	河道长度（千米）
通惠河北京旧城段	TH—01	通惠河北京旧城段（玉河故道）	澄清上闸 澄清中闸 什刹海	0.5	
通惠河通州河段	TH—02	通惠河通州河段		5	

表 4.9 北运河河段遗产元素

运河河段组成部分	编号	遗产河道	运河遗址	河段包括的遗产元素	河道长度（千米）
北、南运河天津三岔河口段	BY—01	北、南运河天津三岔河口段	北运河南运河	71	

表 4.10 南运河河段遗产元素

运河河段组成部分	编号	遗产河道	运河遗址	河段包括的遗产元素	河道长度（千米）
南运河沧州—衡水—德州河段	NY—01	南运河沧州—衡水—德州河段	沧州东光连镇谢家坝 衡水景县华家口夯土险工	94	

表 4.11 会通河河段遗产元素

运河河段组成部分	编号	遗产河道	运河遗址	河段包括的遗产元素	河道长度（千米）
会通运河临清段	HT—01	会通运河临清段	元河	临清运河钞关	8
会通运河阳谷段	HT—02	会通运河阳谷段		阿城下闸 阿城上闸 荆门下闸 荆门上闸 东平戴村坝	19
南旺水利枢纽	HT—03	会通运河南旺水利枢纽段 小汶河		汶上十里闸 汶上邢通斗门遗址 汶上徐建口斗门遗址 汶上运河砖砌河堤 汶上柳林闸 南旺分水龙王庙遗址 汶上寺前铺闸	102
会通运河微山河段	HT—04	会通运河微山河段		微山县利建闸	9

表 4.12 中运河河段遗产元素

运河河段组成部分	编号	遗产河道	运河遗址	河段包括的遗产元素	河道长度（千米）
中运河台儿庄河段	ZH－01	中运河台儿庄河段（台儿庄月星运河）		3	
中运河宿迁运河	ZH－02	中运河宿迁运河	宿迁龙王庙行宫	35	

4.1.2 运河上的闸坝结构与建筑

水闸是修建在河道和渠道上利用闸门控制流量和调节水位的低水头水工建筑物。关闭闸门可以拦洪、挡潮或抬高上游水位，以满足灌溉、发电、航运、水产、环保、工业和生活用水等需要；开启闸门，可以宣泄洪水、涝水、弃水或废水，也可对下游河道或渠道供水。在水利工程中，水闸作为挡水、泄水或取水的建筑物，应用广泛。中国修建水闸的历史悠久。公元前 598—前 591 年，楚令尹孙叔敖在今安徽省寿县建芍陂灌区时，即设五个闸门引水。①

闸门按用途区分，主要有进水闸、节制闸、分水闸、退水闸、排沙闸和挡潮闸等，这些种类均保留至今，其应用和功能古今也无大差别。按建筑结构区分，古代水闸主要有：叠梁闸板的石闸、整体木闸板的石闸、草闸等。叠梁闸是古代最常见的闸型，其闸座大多由条石浆砌，在闸槽中间留有启闭闸板的闸槽。闸板则由横跨闸门叠放的木闸板组成，通过启闭闸板，达到控制水流的目的。叠梁闸板对启闭设备要求不高，古代常用绞关将叠梁分次拉起或下放，其缺点是闸板间容易漏水，启闭速度较慢。

① 《越绝书》卷二，《吴地传》。

表 4.13　大运河上现存的闸坝

运河河段	闸坝名称	建造时间	所用材料	位置
通惠河	澄清上闸	1292 年	木石结构	万宁桥
	澄清中闸(东不压桥)	1293 年	木石结构	东不压桥
南运河	谢家坝	清朝末年	夯土坝	沧州东光连镇
	华家口夯土险工	1911 年	夯土坝	衡水市景县
会通河	阳谷古闸群(荆门上闸、荆门下闸、阿城上闸、阿城下闸)	13 世纪晚期—14 世纪初期	石闸	山东临清市章丘县和阿城县
	东平戴村坝	1411 年	由石坝，窦公堤和灰土坝构成	山东东平县境内
	汶上十里闸汶上柳林闸	1481 年	石闸	位于南旺水利枢纽南北岸
	汶上寺前铺闸	清代	石闸	位于柳林闸南侧
	微山县利建闸	明嘉靖年间	石闸	微山县南旺镇
淮扬运河	淮安双金闸	1685 年	土石坝	淮安市淮阴区凌桥乡双闸村
	淮安清江大闸	建于 1415 年	石闸	是清口水利枢纽其中一部分
	宝应刘堡减水闸	1584 年	木石闸	扬州市宝应县安宜镇
江南运河	嘉兴长安闸	唐贞观年间	复式船闸	浙江嘉兴

(1)木闸结构

木闸在我国起源较早，汉代称作水门或斗门，当时已应用于运河上。唐宋闸门多为木制，《河防通议》详细列出北宋时建筑一座木闸的用料。金代闸河上也应是木闸，元代开通惠河时曾发现过“旧时砖木”，可见当时已使用了砖工。木闸优点是建设速度快，对地质条件要求低，费用较省。但因为容易被水浸腐往往易漏水，且不能耐久，一般只能使用二三十年。通惠河初建时 24 座闸全是木闸，记载庆丰闸的“附岸及底皆用木”，到至顺元年(1330)才改建为石闸。

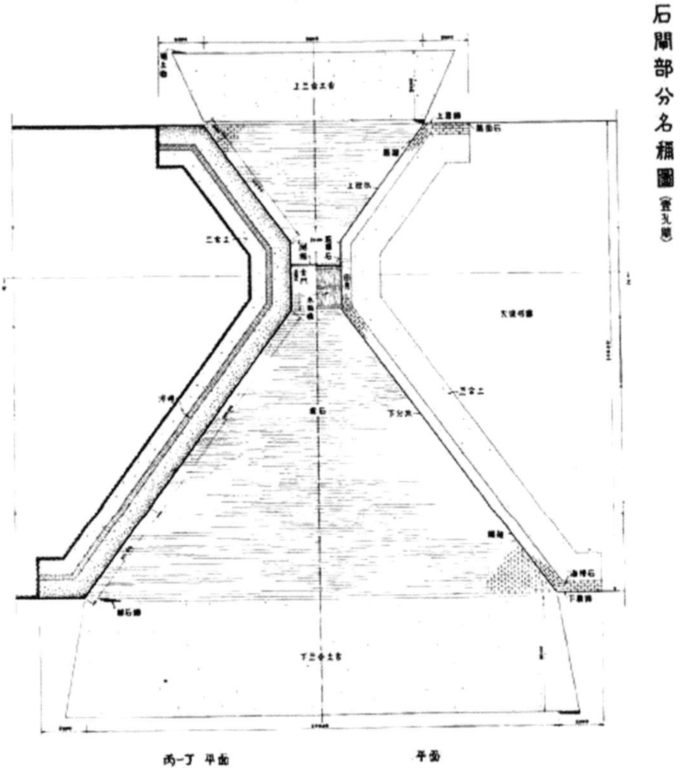

图 4.2　清代石闸结构平面图与断面图 1(营造会刊)

(2)石闸结构和修建

石闸建筑有一孔闸和多孔闸，运河上节制闸以一孔闸为主，在河堤上泄洪用的闸则常常是多孔闸。多孔闸建筑上是以一孔闸为基础，连续修建。一孔闸大体可分为闸门、闸墙、基础三部分。清代大型闸门建筑规范刊载于清廷颁行的法律会典中。其中规定：“(闸门)皆用条石成砌，外为面石，中为里石，自十余层至二十余层不等。里石后衬砌城砖（河砖）。金门及雁翅下皆铺石，两墙为闸耳石。其筑土、钉桩、灌浆及用铁器钩贯，皆与坝工同。金门用闸板二槽，长与金门口宽等，加以铁环，启闭用铰关石。”在《清会典事例》中，还对石闸各部结构、建筑尺寸、用料多少、施工要求都有明确具体的数量规定。

民国年间王璧文先生参照《清会典事例》《河防一览》《安澜纪要》《回澜纪要》以及光绪年间周家驹编写的《河防辑要》等书，对石闸的结构尺寸进行复原和制图（见图 4.3）。①

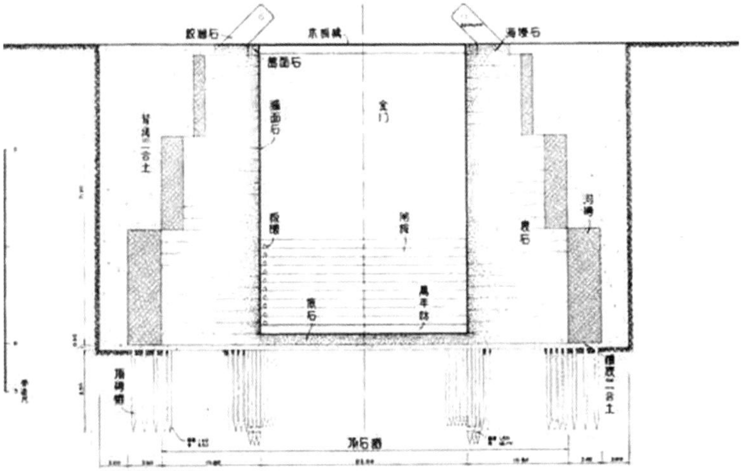

图 4.3　清代石闸结构平面图与断面图(营造会刊)

(3) 土石坝的修建

坝泛指在河流湖泊修建的挡水、拦水建筑，古代各地根据用途和形式又有多种名称，如运河上又称减水坝、车船坝、堤岸、堰、碣、遏、埭、水石磁等。按建筑材料区分有土坝、石坝、土石坝、草土坝、

---

① 王璧文，清官式石闸及石涵洞做法，中国营造学社汇刊，1935 年，六卷二期。

竹络坝、木笼装石坝、砖坝、木坝等。

① 运河上的草土坝、夯土坝

运河上的挡水建筑最早就是用土料做的，土料取材方便，但是很容易被水冲刷。因此稍微重要的工程开始在土料中掺杂草料、秫秸或树枝等，即所谓的草土坝。通过人们积累的经验，之后用"三合土"作为防渗和砖石与壤土的过渡材料。在运河上也有用改变后的三合土单独建坝的例子，如位于南运河东岸沧州东光县连镇谢家坝。由于南运河河北段多弯道，致使险工险段众多，连镇谢家坝为险段之一，历史上洪水在此处曾多次决口。清朝末年，当时连镇乡绅谢家捐资从南方购进大量糯米，组织人力用糯米熬粥加灰土与泥土混合筑堤，故名谢家坝。谢家坝全长 218 米，为南运河河北段仅存的两处夯土坝之一，坝体为灰土加糯米浆逐层夯筑，夯土以下为毛石垫层，基础为原土打入柏木桩筑成。堤坝整体稳定性好，筑成后，再没有出现决堤状况，沿用至今。

图 4.4 谢家坝全国重点文物保护单位石碑

图 4.5 谢家坝夯土墙细部

另外，华家口夯土险工原建于清宣统三年(1911)，是时任知县王为仁主持修建的，自该险工修好后，大运河华家口段再没有决堤记录，沿用至今已有 102 年的历史。该险工全长 255 米，呈梯形，南

图 4.6 安陵镇华家口夯土险工遗址，是京杭大运河中仅存的另外一处夯土坝遗址

北走向，顶宽 13 米，全段高程 5.8 米至 6.7 米不等，平均收分百分之二十，堤内坡采用黄土、白灰加糯米浆夯筑成坝墙，坝墙每步宽 1.8 米，厚 18 厘米，分步夯筑，底部采用坝基抗滑木桩施工工艺，外

坡与顶部为素土夯实而成，曲线形符合流体力学原理，受力面合理，最大限度地缓解了河水的冲刷。华家口夯土险工突出反映了北方大运河上坝体遗产的特点和价值，也体现了当时施工工艺的科学性，是中国古代利用夯土技术建设水工设施的实物证据，为研究古代水利工程提供了不可多得的实物资料。

双金闸位于江苏省淮安市淮阴区凌桥乡双闸村。最早的双金闸，建于康熙二十四年(1685)，因黄流倒灌清口，靳辅"奏请于清河县治西建双金门大闸一座，闸下挑引河万丈，分减黄流归海，有裨运道。"双金闸，是双金门大闸简称，每孔宽为一丈八尺，双门总宽

图 4.7 双金闸

三丈六尺。开始双金闸的作用，是用来分泄黄水，可使清口黄河水位下降一、二尺，便于漕船渡黄。康熙二十六年(1687)开中河，在仲家庄建闸控制，运道从仲庄闸进入中河，避黄河百八十里之险。又"自清河县西北起开河，经安东城，迄于平旺河，由安东南潮河

(灌河)入海，兼利盐运，名下中河，一名盐河。”双金闸便成为盐河的渠首。

戴村坝在山东东平县境内，位于大汶河与大清河的分界处，始建于明永乐九年(1411)，整个大坝由石坝，窦公堤和灰土坝构成，三位一体，全长1599.5米，主要功能是引汶济运，确保京杭大运河的南北贯通对明清两朝的政治统一、经济发展和文化交融，发挥了不可替代的重要作用。戴村坝的窦公堤上游向北斜的溢流坝段是灰土坝。这是一条非常溢洪道，全长262米，顶宽6米。到清代戴村坝更加完善，全长437米的拦河大坝，全坝根据建筑结构和功用的不同，分为滚水坝、乱石坝、玲珑坝。滚水坝为浆砌石坝，乱石坝是堆石坝，位于中部，通沙且渗水，便于排除坝前泥沙；玲珑坝为干砌石结构，可以透水。全坝具有壅水、导流、溢洪，排沙的多种功用。

戴村坝现存全坝总长1599.5米，兼有导流和溢洪作用，共分三段。一是汶河河床段溢流坝，长437.5米，其中北玲珑坝长149.4米，中段乱石坝长152.1米，南段滚水坝长71.6米，三段间的衔接渐变段长64.4米，此坝段实现了拦河壅水，坝顶皆可溢流，是戴村坝的主体；二是窦公堤——自河床溢流坝北坝头沿汶河右岸向上游延伸的挡水堤防，起导流入引水渠的作用，全长900米，临河面为顶宽0.8米、底宽1.5米的白灰砂浆砌块石的重力式挡土墙，后衬顶宽2～3米，坡度为1∶2的土堤；三是灰土坝，在窦公堤上游向北斜的溢流坝段，坝顶比河床溢流坝顶高出1.5～1.8米，是一条非常溢洪道，用以保证在汶河发生大洪水时减少河床段溢流坝的下泄流量，泄流至右岸洼地再泄入下游汶河河道，全长262米，顶宽6米。由于戴村坝地位十分重要，历史上受到特别重视，不断进行维修和改建，技术状况一直保持良好。1959年重修，虽已无济运价值，但仍在汶河拦沙缓洪，固定河槽，保证下游防洪安全方面起重要作用。

图 4.8　戴村坝

(4)运河上的船闸——复闸、澳闸

中国古代在运河上两个通航闸联合使用，有节制水量和调节水深作用的建筑物。其作用原理与现代船闸相同复闸在唐代已出现。嘉兴长安闸始建于唐贞观年间(627—649)，为江南大运河交通和军事上的枢纽。宋熙宁元年(1068)，长安堰改建成长安三闸，形成复式船闸，此时的长安复式船闸还处于初创阶段。崇宁二年(1103)“易闸旁民田，以浚两澳”。绍兴八年(1138)完善了将累木易以石埭的两次较大工程。此后，船闸与拔船坝并存，大船或载货船经船闸出入，小船或空船则过坝上下塘河。宋代著名诗人陆游、范成大、杨万里等北上皆经此地，并留有题咏之作。绍熙二年(1191)，张提举重修长安闸，并置闸兵 20 人管理。清中期后三闸废。清嘉庆重修《大清一统志》载：“长安堰，在海宁州西北长安镇，宋时建。元至正七年(1347)复置新堰于旧堰之西，今名长安坝，旁

有三闸。"明崇祯二年(1629),撤坝官,拔船过坝开始由堰坝脚夫经

图 4.9　嘉兴长安闸

营,一直沿袭到新中国成立。长安闸是古代连接不同水系长安塘(崇长港)和上塘河的一个重要枢纽及管理机构,为宋代江南运河三大堰之一,是江南古运河上规模最大的运河设施之一。其采用三闸两澳复式结构,通过各设施的联合运用和严格的管理措施,达

到引潮行运、蓄积潮水、水量循环利用的多重工程目的，代表了当时水利航运设施建设的世界先进水平。

(5)运河上的泄洪工程

① 泄流堰建筑

古代运河上的泄洪工程有石磁、平水堰(闸)等，即今溢洪道。当运河洪水位超高时，会自然从堰顶溢出，泄入下游河道。此外堤岸上的水窦，也是一种泄水建筑。运河上修建溢流堰闸泄洪的历史很早。西汉年间沿渭河南岸修建的漕渠，与终南山下来的山溪交叉，修建溢流堰闸解决这一难题。文献明确记载运河上设置溢流堰闸是在唐代。《新唐书・宰相表》记载，李吉甫在元和三年至六年(808—811 年)间任淮南节度使时，曾因“漕渠卑下，不能居水，乃筑堤阏，以防不足，泄有余，名曰平津堰”。[①] 平津堰当是建于运河堤防上的溢流堰闸。

② 淮扬运河的平水闸

自明朝中叶以后，由于黄河的直接影响，淮扬运河日渐困难。原因是黄河从淮阴夺淮入海，带有大量泥沙的黄河淤积运河和淮河，造成的危害日益明显。针对这种形势，万历元年(1573)总河侍郎万恭上疏请求恢复淮扬运河上的平水闸。他当年就在仪真、江都、高邮、宝应山阴等运河沿岸，建平水闸 23 座。

宝应明代刘堡减水闸位于扬州市宝应县安宜镇沿河南侧的运河东岸，北距宝应县城 8 千米，南距刘堡渡口 180 米。经考古调查和结合文献资料研究证明，系明代运河水利设施过程工程的一处重要遗存。刘堡减水闸始建于明万历十二年(1584)，后经过多次修缮，清乾隆年间逐渐淤塞废弃，现为遗址状态，为青石砌筑，堤

① 《新唐书・李吉甫传》卷一百四十六，中华书局。

坝、闸墙、堤坝以及西侧摆手基本保存完好，可清晰地看到木桩基础、堤闸石工以及水闸设计与两侧水位的关系。水闸东西长 14.24 米，南北净宽 3.44 米，涉及面积 1244 平方米。在考古发掘中，考古人员发现了大量的条石，大砖和木桩及用条石和大砖垒砌的石墙。现存大量明代石堤及石闸等水利工程的遗存。其中，减水闸摆手偏向西北，主体部分由石工构成。整座石闸下方由地钉顶托，地钉呈排桩形式，排列紧密，木质依然有韧性。石闸顶部有部分砖工，对水闸起整合作用。石工与砖工均以石灰和糯米浆黏合而成。

图 4.10　宝应刘堡闸

(6)运河穿越城市工程

古代城市都建设有高大城墙，运河穿越城市首先就遇到了交叉问题。古城苏州为此修建的水门——“盘门”，就是典型的穿越城市工程。它始建于春秋吴国阖闾元年(前 514)，历代多次改筑，至今位置基本未变。盘门是苏州仅存的古城门遗迹，其水陆城门并存，为全国仅有。现在的城垣是元至正十一年(1351)所建。

图 4.11　盘门示意图

图 4.12　盘门现状

4.1.3　运河上的码头

运河码头可以分为终点码头、转运码头、专业码头等。

(1)邵伯镇运河故道上的码头

图 4.13　邵伯运河河道

图 4.14　邵伯运河码头

江苏扬州邵伯镇西临大运河和邵伯湖，东通里下河，周围港汊纵横，可谓水乡泽国。从隋唐至清末，邵伯为漕运必经之地。历史上运河几经拓宽，特别是明万历二十八年(1600)疏浚邵伯越河后，航行更为畅通，从瓜洲北上的船只当晚可达邵伯，从北方南下的船只到了邵伯就停泊过载，这里成了运河南北运输的枢纽。自从邗沟贯通江淮，邵伯成为南北往来的必经之路，因此在邵伯镇运河故道两侧形成了大量码头。现在运河东堤上尚存四个古代码头，自北向南分别是竹巷口码头、大码头、朱家巷码头和庙巷口码头。这四座码头是往来运河南北的客商在邵伯镇的主要停靠之处，也是邵伯镇及运河以东地区进行对外货物贸易的主要场所。邵伯镇在清以前的繁荣，很大程度上依赖于这四座码头。码头与运河的水位平齐，通过石台阶与大堤上的道路联系。现在码头在水面的部分已经不存，因此原本的形式不得而知，只留有运河边的石质台阶。台阶不大，每阶宽约 30 厘米，长 2～3 米，规模最大的大码头也不超过 5 米。

(2)淮北柳孜隋唐大运河码头遗址

图 4.15 柳孜码头遗址

柳孜运河码头遗址，位于安徽省濉溪县百善镇柳孜村。柳孜原是隋唐大运河通济渠上的一个镇，因运河的开通而繁荣。通济渠唐宋时称汴河，流经濉溪县境 40 余千米，历隋、唐、宋三代五百余年，南宋时淤塞废弃。柳孜码头遗址的发现，证明隋唐大运河曾经的辉煌。码头建筑并不精细，所用石块并非统一制作，形状大小、长短厚薄都不一致，间或还杂有几块汉画像石。从挖掘的剖面可以清晰地看到码头的结构，基础明显大于砌体，为瓦砾层与黄土层间隔夯实处理。砌体为填心砌法，底部朝上 1.5 米的石墙部分采用石灰浆砌法，上为干砌，层缝用碎石杂以黏土夯平填实。

(3) 西兴过塘行码头

图 4.16　西兴过塘行码头

西兴古镇西兴老街西端连着浙东古运河的源头，是全长 250 多公里的浙东古运河的起源之地，途经萧山、绍兴、上虞、余姚、宁波，在镇海城南注入东海。西兴是南来北往的一个中转码头，万商云集，士民络绎，市容繁华，因此出现了“过塘行”，即为专替过往客商转运货物的“转运行”，南北客商、东西货物都须集此中转，故过塘行布满西兴，是西兴商业全盛时期的标志。过塘行的“行”，念 háng，行业的“行”。“西兴过塘行及码头”是浙东运河的组成部分。过塘行的任务，就是把浙东南富庶地区出产的物品，转运到钱塘江以北，重要的物资，比如粮食，一直要运到北京。过塘行，在整条大动脉上，便成了一个非常重要的关节。

4.1.4 桥梁

(1)苏州宝带桥

宝带桥，别名长桥，是中国江苏省苏州市境内的一座桥梁，位于玳玳河水道之上，傍京杭运河西侧，是中国古代十大名桥之一，也是中国现存的古代桥梁中，最长的一座多孔石桥。宝带桥始建唐元和十二年(817)；唐元和十四年(819)，宝带桥竣工投入使用；明正统十一年(1446)，宝带桥重新建设，形制与规模多基本沿袭至今；清同治二年(1863)，英军戈登驾舰攻打苏州，宝带桥连续倒塌；1956年，宝带桥修葺恢复旧观。宝带桥位于江苏省苏州市长桥街道，该桥东方大道与吴东路交界处，起于大运河，上跨玳玳河水道，终至澹台湖，桥梁全长316.8米，宽4.1米，桥孔53孔。

图4.17　苏州宝带桥

(2)嘉兴长虹桥

长虹桥在嘉兴市郊区王江泾镇里街东南。长虹桥建于明万历三十九年至天启元年(1611－1621)，由嘉兴知府吴国仕倡议修建。清康熙五年(1666)重修，嘉庆十七年(1812)再修，太平天国时桥栏石损毁，光绪六年(1880)修复。长虹桥横跨大运河上，是嘉兴市最

图 4.18　嘉兴长虹桥

大的石拱桥，也是大运河上罕见的巨型三孔实腹石拱大桥，气势宏伟，形似长虹。桥全长为 72.8 米，桥面宽 4.9 米，东西桥阶斜长为 30 米，各有台阶 57 级，用长条石砌置。桥拱三孔，是纵联分节并列砌筑法的半圆形石拱。主孔净跨 16.2 米，拱矢高 10.7 米；东西两边孔净跨 9.3 米，拱矢高 7.2 米。

（3）杭州拱宸桥

拱宸桥，位于浙江省杭州市区大关桥之北，东连丽水路、台州路，西接桥弄街，连小河路，是杭城古桥中最高最长的石拱桥。桥长 98 米，高 16 米，桥面中段略窄为 5.9 米宽，而两端桥堍处有 12.2 米宽。三孔薄墩联拱驼峰桥，边孔净跨 11.9 米，中孔 15.8 米，拱券石厚 30 厘米，为拱跨的 1/52.7 和 1/39.7 中墩厚约 1 米，合大孔的 1/15.8；眉石厚 20 厘米。采用木桩基础结构，拱券为纵联分节并列砌筑。拱宸桥东西横跨大运河，是京杭大运河到杭州的终点标志。

始建于明崇祯四年(1631),清光绪十一年(1885)重建,中间几经兴废。该桥全长92米,桥身用条石错缝砌筑,上贯穿长锁石,桥面呈柔和弧形,为三孔薄墩石拱桥,纵联分节并列砌筑。桥形巍峨高大,气魄雄伟,是杭州城区最大的一座石拱桥,同时也是拱宸桥地区的标志性建筑物。

图4.19 杭州拱宸桥

(4)杭州广济桥

广济桥,是一名碧天桥,又名通济桥。位于杭州市余杭区塘栖镇西北,南北向架于京杭大运河上,为古运河上仅存的一座七孔石拱桥。此桥造型秀丽,水平全长78.7米,宽6.12米。据清光绪《唐栖志》卷三“桥梁”载:“通济长桥在唐栖镇,弘治二年(1489)建。”又“弘治间鄞人陈守清募建,桥计七洞。嘉靖庚寅(1530)桥裂,里人吕一素捐金修。丁酉(1537),复舍金重修。万历癸未(1583)、天启丁卯(1627)及清康熙乙巳(1665)屡圮屡葺,辛卯(1711)北塊又圮,吴山海会寺僧朱皈一与如意庵僧大生募建,甲午(1714)十月竣工”。

图 4.20　杭州广济桥

(5)绍兴八字桥

八字桥位于绍兴城区八字桥直街东端，处广宁桥、东双桥之间。八字桥作为我国最早的“立交桥”，据《嘉泰会稽志》记载，始建于南宋嘉泰年间(1201—1204)，南宋宝祐四年(1256)重建，“两桥相对而斜，状如八字，故得名”。桥以石材构建，结构造型奇妙，八字桥陆连三路，水通南北，南承鉴湖之水，北达杭州古运河，为古代越城的主要水道之一。这里位处三街三河四路的交叉点，桥呈东西向，为石壁石柱墩式石梁桥，三向四面落坡，共中二落坡下再设二桥洞，解决了复杂的交通问题。

桥面条石并列，长 4.85 米，桥高 5 米，净跨 4.5 米；桥面宽 3.2 米，桥东西长 27 米；桥东的南北向落坡各为 12.4 米、17.4 米，桥西的南向落坡为 14 米，西南落坡 17 米。桥上置栏，望柱头雕覆莲。桥合石壁式，高 4 米，东西两面各立石柱 9 根，主孔下西面第五根墩柱上刻有“时宝——丙辰仲冬吉日建”。西端南面的踏跺下建一小孔，跨越小河。桥下石壁转角处被纤绳磨出的痕迹，至今历历在目,可见当年舟楫之盛。

图 4.21　绍兴八字桥

4.2　漕运制度对大运河景观的影响

4.2.1　漕运的历史演变

对于如此庞大复杂的工程,历史时期各朝代政府是如何管理和运营大运河的呢?这主要是由于漕运行政体制的出现。自公元7世纪以来,漕运一直是中国政府高度重视的国家大事。由中央政府组织和管理,通过水路运输特定物资(主要是粮食)到首都或其他重要军事和政治目的地的专用运输系统被称为漕运,大运河是漕运的载体。为了维护大运河的顺利运行,保证政治军事中心的长期稳定,历代中央政府都不遗余力地对大运河进行持续维护。与漕运相关的政策出台、设施建设、人员配备等都体现了国家的意志。古代运河运行管理包括漕运制度和管理组织机构等方面。运河运行管理制度和法规也随着运河的建设和使用,逐渐完善。

(1)唐宋漕运制度

唐朝建立后，隋大运河使全国漕运区域及路线与以往发生很大变化。唐都长安除了继续借助黄河、济水等水道漕运北方之物外，又通过汴河(即隋通济渠)、山阳渎和江南河将南方纳入漕运征调范围。唐初，简政薄赋，“故漕事简”，每年漕运粮食不过20万石。《新唐书·食货志》称：“初，江淮漕租米至东都输含嘉仓，以车或驮陆运至陕……显庆元年，苑西监褚朗议凿三门山为梁，可通陆运。”根据这一史料记载推测，可知唐高宗显庆之前，调运京师的漕粮已包括东南地区租米。而武则天当政以后，随着中央官僚机构的膨胀和“内外兴作”活动的扩大，新兴东南地区的漕运量乃不断提高。开元时，裴耀卿主持漕运，主要力量便放在汇淮一带，“凡三，漕七百万石”。安史之乱后.北方出现藩镇割据的局面，“以赋税自私，不朝献产廷”。于是，唐室唯有竭力发展江淮漕运才能维持自己的生存。东南漕路遂成为此后唐朝的生命线，如韩愈所说：“当今赋出于天下，江南居十九。”直至唐末，这种局面都没有发生太大的变化。

北宋建立后，设置的纳漕区域基本上继承了唐朝的格局，而又进一步加以扩大。与唐朝及其前代以西部都城为终点的单向漕运路线不同的是，居天下之中的宋都开封拥有多方向的漕运网，即：汴河、淮南运河和江南运河沟通了京师与江淮漕运区域的联系；广济河(又称五丈河)连接了开封东北方向的京东漕运区域；惠民河和蔡河贯通了开封以南的京西南漕运地区；黄河则保持着开封与西部的河东、陕西漕运区域的联系等等，所谓：“派引脉分，咸会天邑。”其中的东南漕运最为重要，诚如宋人所云：“国家建都于汴，实就漕挽东南之利。”

北宋初，因江南尚未臣服，故供应开封的漕运主要集中在北方诸路,“方隅未一,京师储廪仰给惟京西、京东数路而已”。宋太宗统一天下后,江淮地区漕运迅速恢复。于是,全国范闱的漕运局面形成。其中北方漕运区域包括京东、西路、京西南、北路、河东路和陕西路等6个路的广大地区(到北宋中叶,陕西地区又分为数路)。江淮漕运区域则由东南6路构成,即:淮南路、江南东、西路、两浙路和荆湖南、北路。

(2)明清漕运与制度

明代漕运发展到一个新阶段。这时征运漕粮的有南直隶、浙江、江西、湖广、河南和山东。漕粮又按供应地区的不同区分为南粮和北粮。清代开凿中运河,改善了漕运条件,另外还制定了严格的漕运制度。漕运的畅通,为明清两代商品经济的发展和东南地区的繁荣,直接或间接地起到了积极的作用。

明代的漕粮主要征自南直隶和浙江,约占全国漕粮的60%。漕粮的数额,宣德年间最高时达到640万石,成化年间规定了岁运400万石的常额。在用途上,漕粮为京都、北边军饷,白粮供宫廷、宗人府及京官禄粮。明朝朝廷初置京畿都漕运司,以漕运使主管。后废漕运使,置漕运府总兵官。1451年始设漕运总督,与总兵官同理漕政。漕府领卫军总共12.7万人,运船1.1万艘,另有海军7000人,海船350艘,专职漕粮运输,称为“运军”。在地方,以府佐、院道和科道官吏及县总书等掌管本地漕事。朝廷户部和漕府派出专门官员主持各地军、民粮船的监兑和押运事宜。州县以下由粮长负责征收和解运。粮长下设解户和运夫,专供运役。

明代初期承元之故,以海运为主,河、陆兼运为辅。一由江入海,经直沽口至通州,或径往辽东;一由江入淮、黄河,自阳武县陆运至卫辉府,再由卫河运至蓟州。江南漕运,则由江、淮运至京师南京。以承运者而言,海运为军运,其余都是民运。雇运是一种辅助形式。永乐年间因迁都北京，粮食需求日增，而海运艰阻，于是整治大运河，即从杭州湾通往北京的漕河。其办法一是疏浚会通河，造漕船三千余艘，以资转运；二是在运河沿岸淮安、徐州、临清、德州和天津建置漕粮仓库，也称“水次仓”。

漕运方法历经改革后，在明代已经趋于完善，计有支运法、兑运法和改兑法。支运法也叫“转运法”。由漕运总兵官陈瑄推行。规定各地漕粮就近运至淮、徐、临、德四仓，再由运军分段接运至通州、北京。一年转运四次。农民参加运粮即免纳当年税粮，纳当年税粮则免除运粮，其运费计算在支运粮内。民运的比重约占支运的四五成。兑运法也是由陈瑄等推行。各地漕粮运至淮安和瓜洲，兑与运军转运；河南于大名府小滩兑与遮洋总海运；山东则于济宁兑与军运。军运的费用由农民承担。后来又定漕粮“加耗则例”，即按地区的远近计算运费，随正粮加耗征收，于兑粮时交给官军。起初兑运与支运并行，其后兑运渐居优势。改兑法即长运法或直达法。由漕运都御史滕昭推行。由兑运的军官过江，径赴江南各州县水次交兑。免除农民运粮，但要增纳一项过江费用。淮安等四仓支运粮为改兑。自此，除白粮仍由民运外，普遍实行官军长运制度。为维持漕运，明朝朝廷规定漕粮全征本色，不得减免，严格限制漕粮改折。只许在重灾、缺船或漕运受阻等严重情况下才实行部分的改折，折征时正、耗各项合计在内。

清朝朝廷为了确保漕运，对运道的疏通十分重视，采取了治黄兼顾治运的方针，这样，客观上给运河地区，特别是黄淮地区的水利事业带来一定的好处。清代开凿了中运河。中运河原为发源于山东的泗水下游故河道，后为黄河所夺。中运河的开通，是清代的一项重大水利工程，是清代南北漕运所必经的河段。它也是大运河的一部分。

清代漕运方法基本承明制，但又有下列名目：正兑米，运京仓粮，定额330万石；改兑米，运通州仓粮，定额70万石；折征，将漕粮折算成银，价银统归地丁项内，上报户部。清代漕船数与编制稍异明代，一般以府、州为单位，10人一船，10船一帮，10船互保。总数10000多艘，而实际运于漕运的仅7000艘左右。每船装运量不得超过500石，另可装土产往返各口岸行销，后因运道淤塞而禁止。

清代后期实行官收官运，承运者是军籍中较殷实的军丁，也就是运丁。发运时每船配运军一名，运副一名，雇募水手9名至10名。各省运军水手多少不等，总数在10万名左右。漕运最高长官为漕运总督，驻淮安。其下为各省粮道，共7人，掌本省粮储，辖所属军卫，遴选领运随帮官员，责成各府会齐、佥选运军等；坐守水次，监督、验明漕粮兑换，面交押运官，并随船督行至淮安，呈总督盘验。为确保漕运无误，清朝朝廷于淮安、济宁、天津、通州运河沿线设置巡漕御史，稽查本段漕运。此外，淮安淮北沿河置有镇道将领，以催促入境漕船前行；在镇江与瓜洲的南漕枢纽处，由镇江道催促，同时由总兵官或副将巡视河岸，协同督促漕船过江。

清代在道光年间于上海设海运总局，天津设收兑局，并特调琦善等总办首次海运。漕船从黄浦江出发，经吴淞口东向大海，行2000余千米达天津收兑局验米交收。清朝朝廷特准商船载运免税货物20%往来贸易，调动了商船的积极性。

(3) 漕粮征收运的机构、官员及其职位

负责漕粮征、运的官员，既有专职官，又有征漕、运漕相关诸多兼职官。中央的总负责机构是户部云南司，地方上的总负责职官位为漕运总督(设一人，正二品)，驻江苏淮安府山阳县。

漕运总督掌漕粮运输，督理直隶、山东、江南等七省兵丁运漕。其下还设有直辖的“漕标”绿营，兼辖淮安城守。有漕粮的八省及直隶省的文武官员凡有漕务职掌者，都归其管辖，咸丰十年后又兼南河事务。

粮道。也称督粮道、粮储道，有专职粮道，也有兼守、巡道或其他事务的粮道。各省有设粮道的，也有不设粮道的。有漕八省所设粮道，每省一人，掌督催州县征收漕粮及各项随漕钱粮，监察兑粮，督押运漕，统辖军卫以及佥选运丁和修造漕船，并管用于漕运的钱粮经费。

监兑官。掌州县漕粮监兑上船，验米色好坏，稽查兑运之迟速，并查禁运军苛求、衙役需索及奸商包揽、掺和等事，以本省府同知、通判担任。运漕帮船开运之前，监兑官须查验，若兵丁与州县官因米色等争执，则监兑官将现兑米样封存，送漕运总督、巡抚查验。

各漕船领运者为军丁，称为运军，或称运丁、旗丁，每船一名。另配水手九名，由运军自己雇充。漕船分帮起运，每省数帮至数十帮不等，每帮漕船数十只不等。每帮以守备或千总一人为领运官，另置随帮一人，专司押运。此外，还设巡漕御史，乾隆二年定为四人，分驻淮安、济宁、天津、通州，于运河分段巡察，稽查漕船粮米、旗丁夹带私盐及各种违禁品。此外还巡视河道，稽查河道之疏通，以及巡视仓储等。

运漕的终点是京城以东四十里的通州，设有户部仓场衙门，置总督仓场侍郎，满、汉各一人，总掌漕粮之接收、储藏、保管及转运等事。下设坐粮厅，置户部司官，专掌漕粮之验收、转运输仓等事。京城、通州两处共有粮仓十五六处，每处有仓廒数十至一百多不等，每廒贮米万石。

(4)淮安漕运总督府

淮安是南北水运枢纽,东西交通的桥梁。据《重修山阳县志》载:“凡湖广、江西、浙江、江南之粮船,衔尾而至山阳,经漕督盘查,以次出运河,虽山东、河南粮船不经此地,亦遥禀戒约。故漕政通乎七省,而山阳实属咽喉要地也。”当时,千万艘粮船衔尾而至淮安由末口入淮北上。粮船卸载之后,再从河下装满盐运往南方各地。这样既解决北方粮米缺乏之苦,又大大缓解南方粮食年年丰收,食用不完,米价很低,百姓苦于“米赢而钱绌”的既南粮北调、北盐南运都要途经淮安,使淮安成为漕运、盐运集散地,客观上形成了在漕运史上的特殊地位。

自隋起,朝廷在淮安设漕运专署,宋设江淮转运使,东南六路之粟皆由淮入汴而至京师,明清在这里设总督漕运部院衙门,以督查、催促漕运事宜,主管南粮北调、北盐南运等筹运工作。

淮安特殊的地理位置,促进了淮安的繁荣,特别是商业十分发达。漕运总督机关设在这里,驻有大批理漕官吏、卫漕兵丁。漕船到达这里后,需接受漕台衙门的盘查,千万艘粮船的船工水手、漕运官兵在此停留,南来北往的商人在此进行货物交易,旅客也在此盘桓,更加之在这里设常盈仓两处、常平仓两处、预备仓三处、庄仓五处……更大大提高了淮安的商品需求量,促进了商业的发展。当时这里城内外店肆酒楼鳞次栉比,“市不以夜息”,十分繁盛。正如邱浚诗曰:“十里朱旗两岸舟,夜深歌舞几时休。扬州千载繁华景,移在西湖嘴上头。”

总督漕运部院衙门是朝廷的派出机构,总督都由勋爵大臣担任,明景泰二年(1451)始设漕运总督于淮安,与总兵参将同理漕事。明陈王宣、李肱、李三才、史可法;清施世纶、琦善、穆彰阿、思铭、杨殿邦等人都先后在这里任过漕运总督之职,漕运总督权力显赫，不但管理漕运，而且还兼巡抚，因此也称漕抚。部院机构庞大，文官武将及各种官兵达 270 多人；下辖储仓、造船厂、卫漕兵厂等，共约 20000 多人。

部院衙门始建于宋乾道六年(1170)，由录事陈敏兴修，元为淮安路总管府，元三十年(1293)阿思重修，明洪武元年(1368)淮安知府范中政建淮安府署，洪武三年(1370)知府姚斌改为淮安卫指挥使司，成化五年(1469)通判薛准重修，嘉靖十六年(1537)督御史周金在城隍庙东新建督察院，隆庆五年(1571)知府陈文烛将此重修，万历七年(1579)都御史云翼将淮安迁往城隍庙东，移总督漕运部院于此。

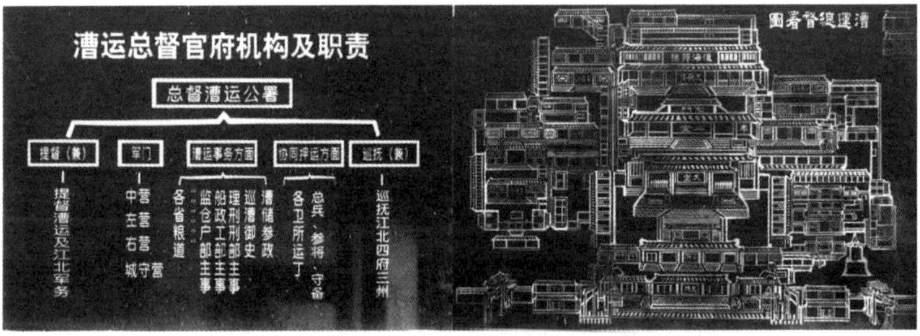

图 4.22　漕运总督官府机构及职责　漕运总督官府

图 4.23　修复后的漕运总督官府

(5)盂城驿站

盂城驿站是明代北京与南京之间的重要驿站。始建于1357年,此后不断扩建,最终成为明清时期大运河沿线最大的古代驿站。其位于江苏高邮镇南门街观一巷13号,总占地面积约16000平方米。驿站建筑朝南,整个结构保存完好。盂城驿站是大运河沿线保存最完好、规模最大的古驿站。它位于南门街,历史地区拥有集中的典型空间元素沿着运河城市和城镇,包括系统的大街小巷和清晰的布局,沿线还包括众多著名商铺成为水陆交通路线之外的扩展区域。现存的盂城驿包括入口大堂、三间西侧房间、五间后堂房间及主厅底座,均保存完好,并已作为邮政博物馆向公众开放。

图4.24　盂城驿

4.2.2　运河上皇家粮仓的建设与管理

自从漕运开始,就必须修建粮仓来储存和周转、调剂,有的建在途中,大部分建在漕运的终点,即在首都修建皇家粮仓。隋代通济渠、永济渠的建成,形成了政治中心与经济区的连通,位于水运中心的洛阳,成为漕粮与物资转运的集散地。唐代进一步完善和建设,使之成为国家财政相对独立的管理体系,并为后世继承。隋代漕运粮仓的建设始于开皇三年(583),隋文帝随着运河修通,感觉京师仓廪不足,于是沿河建粮仓。当时著名的漕仓有长安太仓、东京含嘉仓、洛口仓、华州永丰仓、陕州太原仓,储米多者可达千万石。隋灭亡时,瓦岗农民起义军曾开仓放粮,就食者近百万口。隋主要漕粮转运仓有:卫州黎阳仓,永济渠开通后,这里成为漕粮的集散地;河阳仓,在河南偃师县东南,为从洛口转运入洛阳而设;广通仓,又名永丰仓,在华阴市东北渭河口,是江淮粮食进入长安的集散地,可走水路直抵长安。洛口仓,又名兴洛仓,是当时最大的漕仓,在今河南巩义市东北洛河东岸,大业二年(606)建;回洛仓,大业二年(606)建,在洛阳北七里;含嘉仓,大业元年(605)隋炀帝建东都洛阳时建,供皇室、百官之用,与洛口仓规模相当。20世纪60年代勘探粮窖400座以上,已探明287座,其中一座尚存粟25万公斤。[①] 虎牢仓,位于河阴县汴河口,卸载汴河漕粮。

(1)现存粮仓遗址——含嘉仓

隋唐时期位于洛阳皇城的含嘉仓第160号遗址,是迄今发现的保存最完好、存储量最大的地下粮仓遗址。含嘉粮仓建于隋代(605)大业元年,当时正在开凿通济渠。唐朝时,它被正式使用。据史料记载,唐代天宝年间,全国粮食存贮量约1200万担,仅含嘉粮仓就有580万担。

汉嘉粮仓160号遗址位于粮仓中段,于1972年考古发掘出土。粮仓的圆形开口直径为11.1米。底部有两层:上层是平底,下层是圆底。粮仓的上部底部是用填土法在废弃的下部底部建造的,粮仓总深度为6.2米。考古发掘显示含嘉粮仓160号遗址底部所采

① 余扶危、贺官保:《隋唐东都含嘉仓》,文物出版社,1982。

取的防湿措施是自下而上的。首先，地下室的底部和墙壁被夯实；接下来是地下室的底部和墙壁。据从粮仓挖出的砖记录，含嘉粮仓内的粮食主要来自河北、山东、河南、江苏、安徽等地。

图 4.25　含嘉仓遗址

(2)回洛仓遗址

回洛仓遗址位于今洛阳市东郊廛河区，现为村民农田。回洛仓始建于隋代(606)大业二年。在使用了很短的一段时间后，它在隋末的农民战争中被摧毁，逐渐被废弃并埋在地下。

根据2012年最新考古成果，整个回洛仓为长方形，东西长646米，南北宽355米。东南角距隋唐北城城墙1000米，西南角距北城城墙1100米。粮仓南墙宽3米，东西墙宽3.7米，北墙宽2米。粮仓可分为管理区、仓储区、道路等几个部分。

图 4.26　回洛仓考古发掘现存

(3) 黎阳仓遗址

位于卫州黎阳县西南大胚山麓(今河南浚县东二里大胚山北)的黎阳仓,建于隋朝文帝时期,并一直沿用至北宋,为国家级官仓。黎阳仓历来地位重要,有“黎阳收,九州固”的说法。

黎阳仓西濒永济渠,东临黄河,水运极为便利。可以将河北地区的漕粮由此经永济渠或黄河运往洛阳、长安。用兵东北时,由江淮运来的军粮可先储藏在这里,然后由此运往东北。黎阳仓是河北地区唯一重要粮仓。隋唐一贯很重视对黎阳仓的管理。隋末几次征辽,都曾派人在此督运漕粮。李密据有黎阳仓,“开仓恣民就食。浃旬间,得胜兵二十余万”,可见黎阳仓有着举足轻重的地位。

2011 年 12 月,对黎阳仓遗址进行正式考古发掘。以目前勘探已确定的 84 个仓窖的平均容积计算,黎阳仓总储量约 3360 万斤,可供 8 万人吃 1 年。黎阳仓仓城平面布局近正方形,东西约 260 米,南北约 280 米,总面积约 78800 平方米,已探明粮仓中心区仓窖

84 座，占仓城面积的 4/5。

图 4.27　黎阳仓考古遗址

(4)杭州富义仓

图 4.28　杭州富义仓

位于杭州市拱墅区的富义仓，寓意“以仁致富，和则义达”，在大运河与胜利河的交汇处。它始建于清光绪六年(1880)，占地 23600 平方米，有五六十间粮仓，每间大概是 20 平方米，可以储存四五万石(即 1000 多万斤)的谷物。富义仓一度是浙江各地粮食的集中地，也是南粮北运的中转站。杭州富义粮仓是江南运河杭州塘沿岸保存完好的公有仓房群，方便物品的储存和转运。富义粮仓是杭北重要的粮仓集群，见证了稻米市场、仓储码头卸载货物等经济活动的发展与繁荣。现存原有的四排储物间保留了三排，建筑和卸货码头的基本布局依然保留。

4.2.3　大运河沿线城镇的产生与发展

(1)历史文化街区

① 无锡清名桥历史街区

清名桥历史街区位于无锡老城南门外古运河与南塘地区的交汇处。随着古运河的横贯，它直接受到运河航运和水系的影响。清名桥历史街区的发展始于宋朝西山驿站的建立，并以此为契机，周边出现了大量的商铺、作坊和民居。明清时期，大量的粮库集中在无锡市南门外，成为清名桥历史街区的基础。

清名桥历史街区沿河而建，全长约 1.6 千米。它围绕南昌街、古运河、南山塘——南下塘的平行轴线布置街巷，形成网状的空间格局。古运河水巷、南昌街、南下塘等呈鱼骨状垂直排列的形式构成了具有历史意义的街巷格局。

图 4.29　无锡清名桥历史街区

目前，这一历史街区保留有很多古老的桥梁，街道和建筑，这是充分展示了沿运河而建的传统水乡的风格，同时也是江南地区因作为漕运重地而繁荣起来的证明，古代商铺和住宅区域都是作为江南运河无锡河段上的漕运而发展起来。它们是明清时期无锡城市发展和商业繁荣的体现。清名桥历史街区通过巧妙地将大运河和城市内的水系连接起来,形成了一个极具特色的城市布局。

② 苏州山塘历史文化街区

山塘河是大运河的主要河道,位于苏州古城的西北方向。它从南面的白洋湾到阊门,长 6.2 千米。山塘河连接大运河,是大运河水系的重要组成部分,是古大运河苏州段的主要水道之一。沿水而建的住宅街区平与陆地、河流相邻,与以河道形成的街区相平行,构成整个街区的基本格局。山塘历史街区始建于公元 9 世纪,经过持续的发展,成为明清时期苏州最繁荣的地区之一。该地区现在仍是重要的居住区域和商业发展的重要地区。河流、堤岸、桥梁及相关历史建筑和街区都保存完好。

图 4.30　苏州山塘历史文化街区

上塘河保护区保存了大量的文物古迹,包括行会、寺庙、纪念馆、戏台、牌坊、园林、名人墓、古桥古宅等。上塘河保护区丰富的文物是历史进程的实物见证，也是多年来该地区经济文化繁荣的见证。其中虎丘云岩寺塔始建于959年，位于山塘河西岸，因其独特的地理位置和建筑结构，成为大运河穿越苏州的标志性建筑。

图4.31　虎丘云岩寺塔

③苏州平江历史文化街区

平江历史街区位于苏州古城东北隅，东起外城河、西临临顿路，南起干将路、北至白塔东路，面积约116.5万平方米。距今已有2500多年的历史，是苏州现存最典型、最完整的古城历史文化保护区。该地区至今保持着路河并行的双棋盘城市格局，保留着小桥、流水、人家以及幽深古巷的江南水城特色，积淀着深厚的文化底蕴，聚集了极为丰富的历史遗迹和人文景观，内有为数众多的古建筑、古桥、古井、古树、古牌坊，至今还保留着古城墙遗址。历史上，许多文人雅士、达官贵人曾生活于此，至今，区域内的居民还保持着传统的生活方式。

图 4.32　苏州平江历史文化街区

④杭州桥西历史街区

图 4.33　杭州桥西历史街区

杭州桥西历史街区位于大运河杭州段主河道以西，是人们利用大运河水陆交通大动脉的区位优势而定居的区域。它的历史是运河文化的重要组成部分，是展示江河桥梁功能的重要区域，也是反映大运河杭州段沿海地区历史背景的重要地段。它反映了运河对两岸聚落格局和区域演变的重大影响。这个地区曾经是杭州最繁忙的商业中心，著名的“北关夜市”是由大运河形成的。桥农街、桥西子街、如意巷、吉祥寺巷、通河巷、京生巷、通源巷等传统街巷都在这里。目前保护区保存完好，面积 39.6 万平方米，仍是杭州北部重要的住宅和商业区。

⑤ 绍兴八字桥历史街区

绍兴八字桥历史街区位于绍兴古城北部，是依托八字桥和大运河地理优势形成商业区。它拥有双重水陆交通系统，是绍兴水城的一个缩影。它反映了运河的开凿和发展对运河两岸地区的格局和演变产生的重大影响。绍兴八字桥历史街区占地约 19.66 万平方米，以八字桥、管宁桥、东双桥、纺车桥、龙华桥等老桥为特征。沿江而居，沿街而居，形成了江南独特的景观，它是绍兴古镇水边古街的典型代表。

图 4.34　绍兴八字桥历史街区

⑥绍兴古纤道

图 4.35　**绍兴古纤道**

古纤道，是古人行舟背纤的通道，又是来往船只躲避风浪的屏障。绍兴古纤道，位于绍兴市境内浙东运河柯桥至萧山段，唐元和十年(815)观察使孟简所建，又名官塘、运道塘。连绵百余里，或傍野临水，沿岸铺筑；或建于桥下，紧依桥墩，穿越而过；或于河面宽广处飞架水上，迎流而建。所用材料皆为青条石、青石板，因有“白玉长堤”之称。在长达数里的河道中建造多孔低梁桥连接而成，形若铁链。以条石平砌作桥墩，每孔桥面直铺三块巨型石板，道宽1.5米，孔跨2米，两旁临河，贴近水面，景色奇丽。内有一段长502米，149孔，另一段长377.4米，112孔，均保存完好。

唐代中叶以后，绍兴的瓷器、丝绸、茶叶、黄酒成为大宗商品被大量运销外地，陆上交通运输已不能适应需要。纤道就是在急切需要发展水路运输的情况下，于唐元和年间开始砌筑的。1000多年来，无数肩背纤绳的劳动人民在这条纤道上步履艰难地拉着船只行进，为发展绍兴经济做出了很大贡献。

(2)南浔古镇

图4.36 **南浔古镇**

南浔古镇位于湖州市南浔区，地处江浙两省交界处，位于頔塘以东，是頔塘大运河沿岸最著名的古镇。南浔镇原是一个村落，南宋时期发展壮大为镇。在15—19世纪的明清时期，由于蚕和手工缫丝业的繁荣发展，并依托便捷的运河交通，形成了以頔塘运河为主线的十字形的基础格局。古镇以南市河、东市河、西市河、宝善河构成的十字河为骨架，其间又有许多河流纵横交错，街和民居沿河分布，随河而走，以南东街、南西街为串联，构成了十字形格局，街巷肌理完整，河道水系基本保存。十字河两岸形成商业街道，既有傍水筑宇、沿河成街的江南水乡小镇风貌，又有众多高品质的私家大宅第和江南园林，形成了小桥流水人家与大宅园林交相辉映的街区特色。南浔古镇是因大运河（頔塘）而产生、发展、繁荣的典型城镇。依靠大运河的水利和交通，形成繁荣的蚕桑业和农耕业，使南浔从一个渔村变成了历史上的军事重镇。

(3) 宁波庆安会馆

宁波庆安会馆位于浙东运河上，是在区域内经济日益繁荣、水运便利的基础上发展起来的商业设施。它反映了大运河沿线贸易

图 4.37　宁波庆安会馆戏台

的发展和繁荣。庆安会馆，即天后宫，位于浙江省宁波市区三江口东岸，故名“甬东天后宫”。咸丰三年（1853）建成，为甬埠北洋船商捐资创建，既是祭祀天后妈祖的殿堂，又是行业聚会的场所，系我国八大天后宫和七大会馆之一，又是江南现存两处融天后宫与会

馆于一体的古建筑群之一。庆安会馆坐东朝西，规模宏大，占地面积约为5000平方米。沿中轴线有宫门、仪门、前戏台、大殿、后戏台、后殿、前后厢房等建筑。会馆最初作为联络、集会、会议的公共场所，逐渐成为商务人士仓储、生活、会议的重要场所。

图 4.38　宁波庆安会馆总貌

第五章
大运河价值的工业考古学阐释

中国大运河是世界上唯一由中央政府出资、开凿和管理的大型水利系统，以保证粮食物品的安全运输，从而稳定政权，维护国家的统一。开凿大运河是平衡国内南北社会资源和自然资源的重要措施，它实现了幅员辽阔的南北资源和产品的大范围的运输配置，促进了政治中心与国家经济中心的联系，促进了各地的经济文化交流。它在促进国家统一、政治稳定、经济繁荣和社会发展方面发挥了不可替代的作用，产生了重要影响。大运河也是一个顺应社会和自然变化的动态工程，这是一条持续改善发展的运河。

以大运河为基础的独特的漕运系统在不同的朝代运行，跨越了时间和空间，作为封建中国的经济大动脉，它成为中央集权农业国家独有漕运传统和水运对区域和国家发展产生深远影响的活例。它见证了中国古代政治、经济和社会的发展，在历史上留下了深刻的文明印记。大运河也是中华民族团结的象征。自春秋时期以来，大运河加强了不同地区和民族之间的文化交流，使中国成为统一的多民族国家。它造就了两岸城市的崛起和繁荣，包括一些在世界历史上具有重要地位的城市，塑造了长江沿岸居民独特的生活方式。

大运河以其博大的时空宽度、巨大的成就和深远的影响，成为文明的摇篮。经过近 2000 年的持续发展和演变，大运河在交通、运输、泄洪、灌溉、供水等方面发挥着多种功能，至今仍是沿线地区必不可少的交通方式。大运河因其独特的技术特点和文化传统，与其他重要的人工水道,包括已列入《世界遗产名录》的人工运河有很大的不同,有着自己不可替代的特点和成就。依照历史划分和命名规定,大运河现存的河段和沿线的遗产要素可以分为十个部分:通济渠,卫运河(永济渠),淮扬运河,江南运河,浙东运河,通惠运河,北运河,南运河,会通运河,中运河。在这十个组成部分中包括 27 段运河河道(共计 1011 千米),运河沿线的水利设施以及相关的附属设置总共 58 项,这些元素都包含在 31 个具体的河道和水利工程项目中。

5.1 大运河代表工业革命以前古代运河工程技术的巅峰

大运河创造性地将不同历史时期开凿,又分布在不同地区的人工河道连接在一起,成为人类最伟大的创举。它流经五大河域和中国的辽阔的疆土,克服了巨大的海拔差异和复杂的地形,跨越了时间和空间,今天仍然充满活力。鉴于当时的历史和技术条件,大运河河段的选址、建设和维护都具有不可想象的开拓性。它的历史功绩直到今天仍让人叹为观止。

大运河开凿于春秋末期(公元前 5 世纪),因各诸侯国争相扩张自己的领土范围,因此出于军事需要而开始修建人工水道。秦汉时期形成统一王朝,运河成为中央政府的交通命脉,将南方经济中心和北方的政治和军事中心紧密连接在一起,保证了南方丰富的物资向北方首都顺畅、持续的运输,并满足政治中心的经济和军事需求。建立和维护连接南北的航运大动脉成为中国历代政府具有重大战略意义的政治举措。

我国地理地势西高东低，自然水系主要由西向东入海，水系流域由北向南分布。这种地理格局意味着中国历代政府都很难直接利用自然水系中的河流和湖泊来连接南北。然而，在隋朝（公元7世纪）和元朝（公元13世纪），由中央政府主持开凿的运河被称为大运河史上的两大连接工程。

公元7世纪。为了联系南方的经济中心和北方的政治中心，隋朝府翻新和维修现有的自然水道和历史运河，开凿一些新的运河，完成一条以洛阳为中心，向北到涿郡（今北京），向南余杭（今杭州）的水路交通。当时还建立了漕运运河统一维护和运输管理的制度。于是从南方重要的农业生产区到帝国政治中心和北方军事重镇的内陆航运大动脉在中国历史上首次建立。这一创举实现了中国历史上第一次将大运河的各个部分连接起来，奠定了大运河在整个唐宋时期600多年的“Y”形格局。这一连接把两条天然河流之间的区域变成了一条连接海河、黄河、淮河、长江和钱塘江的大运河。它绵延2500多千米，穿越不同的地理区域，不同的气候，解决了水源、泥沙、水位差等问题。这个伟大的工程只花了6年时间（605— 611），反映了我国在地形和水文测量、工程组织以及航行管理方面的卓越技术水平。同时，也实现了世界上最早的大规模引水，来支撑世界上最古老、最长的内河运输系统，体现了水利设施规划和工程的创造成果。在河道规模、堤岸材料、夯实工艺、漕运粮仓设施、路线等方面，真实生动地反映了这一时期的巨大成就。

公元13世纪，元朝统一中国，建立大都（今北京）。后来，中央政府须从南方的经济中心获取物资，以满足北方政治中心的需求。由于历代修建的运河有许多弯道，元朝政府组织人们开凿了会通运河和通惠运河。这些河段都是截弯取直，使得北京到杭州之间的路线几乎是条直线型的。政府还将运河向东延伸至大海，延伸了近2000千米。由于水源和地形条件的巨大差异，以及黄河向南流入淮河，工程浩大，难度极大。在这一过程中，出现了许多堪称世界水利和交通工程史上具有开创性和典型案例，如会通河、黄河与运河汇合处的清口水利枢纽综合体等。这是大运河历史上的第二次南北大连接，决定了现代大运河的格局，至今仍在发挥作用。该项目在水利规划、技术、城市发展和文化传统等方面都体现了大运河的深远影响。自元代以来形成的南北向大运河，与陆海丝绸之路一起，以前所未有的紧密方式连接了亚欧大陆，在世界范围内产生了深远的影响。

5.1.1 大运河在解决水位差异和水源问题的工程实践中创造了世界水利设施史上具有开创性的技术范例

大运河是世界历史早期开凿的一条人工运河。它规模最大，路线最长，延续时间最长，至今仍在使用。其独立的工程体系、独特的自然环境和所涉河流的特征为这些工程技术发明及其分类和管理方法提供了条件。其中控制水量和水深的双闸工程、解决不同水位的会通河、解决水源问题的南旺水利枢纽等都是同期古代水利设施工程的最高成就。

江南运河上的长安闸建于1068年，由建于唐代的长安堰改建成长安三闸，形成复式船闸。作为宋代具有代表性的复式水闸，工程设施齐全，达到了引潮、聚潮、回水的目的。此外，它在很大程度上保证了供水，是迄今为止世界水利设施史上保存最早的双闸室水闸，在世界水闸发展史上占有重要地位。它是航运工程技术的杰出典范，是反映中国水利技术在当时世界领先水平的里程碑式工程。大约300年后，类似的项目出现在欧洲。

建于明清时期的会通运河是13世纪以来所建的地势最高的运河。大运河的重要一段——会通运河，从临清开始，连接了南运河和中运河，最后到达黄河的港口。它穿过山东运河的最高点南旺水利枢纽比它的起点和终点都要高30多米。然而，通过水源工程和水闸群，几条河流的水量和航道的深度得到了控制。会通运河是京杭大运河南北最短的路线。会通运河水道及其水源规划与配置，是中国古代水运时代的杰出科技成果。最重要的水源工程是位于大运河地势最高段的南旺分水枢纽。该工程采取了疏浚汶河、蓄水、泄洪、筑闸等措施，成功分流了汶河的水量，保证了大运河会通运河的畅通。南旺水利枢纽始建于明朝初期，是世界运河史上较早的大型综合水源工程。它比法国向米迪运河供水的黑山(Black Mountain)水利工程早两个多世纪，是欧洲早期运河建设史上最具影响力的工程之一。通过巧妙地采用大坝、引水、蓄水、供水等工程措施相互配合，利用自然地形和其他条件，完成自然河流系统的变换，完全解决向地势最高的河段提供水源的问题，并确保在之后的三个世纪中大运河都始终顺畅通航。修建大运河过程中展现的地理测量、水利设计、建设等工程技术，是中国古代人民杰出创造力的历史见证。

大运河是集水科学、水利技术、自然条件、社会经济、政治、文化为一体的综合性工程。通过调查、测量、规划、设计、决策、建设、组织运行等系统，实现粮食运输、灌溉、排涝。这是农业文明时代的一项巨大的系统工程。

5.1.2　大运河的建造使沿岸的自然环境发生了巨大的变化

大运河以湖泊为水道，为降低风浪风险，通畅航道，逐渐发展成为完全避开天然河流(运河与天然河流汇合的港口除外)的大运河。淮扬运河扬州段两河三坝清楚地反映了该地区江河湖泊的演变。中运河是大运河全部人工开凿的河段，完全避开了黄河航道。另外，通过采取工程措施控制水量和水深的技术也不断得到更新。从基础的斗门、延岱（为回水而建的大坝）和单闸，到蓄水池、阶梯闸和双闸，调水位和保持航道渠深一致的能力显著增强。从长安船闸的双闸到会通运河的阶梯式船闸，标志着控制水量和水深的工程措施逐步推进。在南旺“引汶济运”水利工程中，疏河济运、挖泉集流、蓄水济运、泄涨保运、增闸节流，科学地解决了引汶、分流、蓄水等重大复杂的技术和实践问题，从而保证了大运河畅通无阻。这也是掌握水利技术和规划思想的重大进展。由于长期的人工干预和自然力量的作用，大运河沿岸的地形地貌和自然环境发生了巨大的变化，反映了人类对大自然进行不懈的抗争和适应的过程，对环境产生了深远的影响。修造南运河与北运河时将海河流域截流，使由原来的几条河流改由一条河流入海。为了缓解由此带来的洪水，在自然生态和人工修复的共同努力下，河北平原上开挖了许多低洼湿地。

大运河是处理人与水、水与水、水与地理环境关系的系统工程。组成的水道工程系统，水资源分布和控制系统和运输管理系统，大运河必须构建功能体系，包括从水源选址、排水、蓄水、引航到运输、商业交通、灌溉、防洪、城市供水等。因此说大运河是一个复杂的系统工程，这是一个明显的特点，特别是对复杂的和关键的部分大运河。例如，为了解决北运河和会通运河的高坡度问题，建造了阶梯水闸。南旺济运引水工程解决了山东段水源问题。开凿中运河是为了避免黄河的危险。洪泽湖大堤的减水闸和桂江水道工程是为了防止历下河地区的灾害。只有这些工程将这些问题都得以解决，大运河的功能才能逐一实现。每一个工程的完成都能使大运河系统更加强大，最终成为大运河庞大系统的主要特征。

开凿这条长长的大运河遇到诸多难题，更困难的是要保证它的通航。一千多年来，相应的修建的工程、航道、运输管理制度，不仅在保障长途运输方面，在防洪、供水、灌溉等衍生功能方面同样发挥了重要作用。大运河的管理制度满足了不同朝代的自然条件和政治经济需要，是大运河正常运行的重要保障。管理制度的制定使大运河成为一个庞大的系统工程的又一特征。从 7 世纪第一次挖掘和连接到 19 世纪中叶，大运河得到了不断地发展和完善。大运河上建设的众多工程几乎囊括了农业文明时代人工水道和水利工程的规划、设计、施工技术等所有发展成果。大运河作为农业文明时代的一项重大工程，体现了水利工程技术的发展和人类经验积累不断提高的变化。

5.2 大运河是漕运悠久文化历史的见证

大运河漕运作为中国古代最重要的经济制度之一，是中央集权政权最重要的政治措施之一，对中国的政治、经济、社会、文化产生了深远的影响。漕运是国家大事。到了清代，漕运作为“御粮之源”和“朝廷之动脉”的政治意义达到了极致。漕运是中国历史上一个独特的现象，是由中央政府组织和管理，通过水路运输货物（主要是粮食）到首都（或中央政府指定的其他军事和政治目的地）的一种特殊制度。由于有严格的制度保障，它的运作成本很高，因此反映了强烈的政治意图。全国统治中心的建立，从中央到地方官僚体制的形成，庞大的军事体系和全国社会秩序的建立，促使朝廷建立起以粮食为主体的有序、安全的物资供应体系。这些都是漕运产生和发展的历史原因。

随着制度的完善和规模的扩大，漕运逐渐突破了早期的政治职能，承担了越来越多的社会职能，成为维护朝廷稳定、平衡社会力量、消除重税、灾害、物价波动等社会动荡的重要手段。同时，漕运在促进南北文化交流和区域社会发展方面发挥了重要作用。早在公元7世纪初，隋朝政府就开始疏通大运河，直到19世纪，大运河一直是漕运的重要通道。在很长一段时间里，大运河被称为漕运河，因为它在漕运系统中扮演着重要的角色。通过运河航道的建设和维护，运输和储存设施的修建以及管理系统的发展，使得中央政府保证连续、顺畅地将粮食和物资向北方的政治和军事中心运送。在这一过程中，逐渐形成了不受时间和民族限制的文化传统，延续了一千多年。可以说漕运是一个以农业为基础的中央集权国家最有效的政治经济制度。为了适应国家战略储备和应急救援的需要，调整社会结构，促进经济发展，维护稳定的中央集权体制，在全国范围内开展资源调度、控制和再分配。它是农业文明时代重要的系统文明成果之一。大运河是一项超大型、可持续发展的系统工程，是人类历史上农业文明时代的一项天才工程。

5.2.1 大运河见证了漕运的形成、演变、衰落，并对其产生了深远的影响

漕运是大运河建设和维护的动力，大运河是漕运的载体。大运河路线的变化显然受到政治因素的影响，中国政治经济中心的变化对漕运提出了不同的要求。自公元7世纪以来，每一朝代统治者都高度重视漕运作为国家大事的重要性。与漕运相关的政策制定、设施建设、人员配备等都体现了国家的意志。独立、严格的漕

运体制在国家行政管理体制中居于重要地位，体现了国家对漕运的重视。为了维护大运河的顺利运行，保证政治军事中心的长期稳定，历代中央政府都不遗余力地对大运河进行持续维护。清政府有时甚至将其总收入的10%到20%用于治理黄河和防洪，以确保大运河的通航。这充分反映了大运河作为漕运主要路线的政治意义。

隋唐宋时期的“Y”形大运河，以洛阳为中心，满足了南方农区直接到达中原政治中心和北方军事中心的政治经济要求。元、明、清时期，为保证漕运对帝国政治中心与经济中心的直接联系的必要要求，对大运河进行了修直，并对原有的“Y”形进行了截弯取直的改造。可见，大运河的路线随着政治中心的变化而不断调整，受到政治和地缘政治因素的影响，进一步证明了大运河的主要目的是通过漕运连接政治和经济中心。

现有的水路、水利设施以及大运河沿岸的配套设施是漕运文化传统最强有力的见证。此外，大量与漕运有关的历史文献和出土文物进一步证明了大运河与漕运的密切关系。早在20世纪初，漕运制度已经结束。但是，大运河的大量遗产，如水道、水利设施、码头、仓库遗址和以前的漕运总督府，都成为这一制度的直接载体运行了1000多年，足以见证以农业为基础的封建文明的成就。运河的水道见证了漕运路线的方向；水利设施的工艺、技术、规模和演变，反映了历代政府对漕运的精心维护；保留至今的淮安漕运总督府是漕运行政系统中最重要的遗址；龙王庙、天宁寺等遗址是几位清朝皇帝视察漕运设施时居住的临时宫殿。清政府重视大运河的维护和漕运的经营管理，也证明了大运河与漕运的密切关系。还有国有漕运粮仓——含嘉粮仓，回洛粮仓和黎阳粮仓，都具有巨大的规模和巨大的存储容量，说明国家高度重视粮食运输和储存系统，进一步证明了大运河是运送粮食的主要动脉，国家的战略资源。这些物质遗产直接目睹了大运河作为水上运输通道所发挥的功用。

大量的历史文献和出土文物进一步证明，大运河是一千多年来的主要水运通道，与漕运系统和文化有着密切的联系。从含嘉仓出土的谷物检测出的碳物质可以证明这个唐朝皇家粮仓存储的大量粮食来自长江下游的几个省，并进一步支持运河和漕运之间的密切关系。在历代的历史文献都详细记录有关漕运的经营管理情况，通过所记载的运输粮食物品的年度总额可以反映出漕运系统受到政治和经济形势的不断变化而产生的相应波动。在中国历代文学中也有一部分关于大运河的水利运输的情况，它们和这些详细记载都显示出中国古代历朝政府对漕运的仰仗程度，进一步展现了漕运与大运河之间的密切关系。

5.2.2 漕运对大运河沿线的城镇的兴起和发展产生了深刻的影响

以漕运为中心的商贸活动促进了大运河沿线地区的崛起、发展和繁荣。隋唐时期的洛阳和元代的大都是与大运河一起规划和实施的大型工程。城市规划者综合考虑了漕运的便利、宫廷的需求和城市景观。在世界城市规划史上，具有划时代意义的城市应运而生。漕运带动的经济腾飞，带动城市向百万以上人口的大都市升级。

由于漕运系统，大运河沿岸的众多城镇逐渐发展成为工商业发达的区域中心。扬州地处大运河与长江的交汇处，是大运河的枢纽。与大运河邗沟段建于同一时期的扬州城其布局受河道的影响，至今仍为人们所熟知。扬州是唐代最发达的商业大都市，元代成为重要的国际大都市，明清时期因盐业的发展而进一步繁荣。苏州和杭州的历史也与6世纪江南运河的疏浚密切相关。宋代苏州以水系为动脉，以水道为骨架，构筑了辉煌的双棋盘格局，将大运河的水引到各家各户，形成了“水陆一体，街河并行”的独特民居形式。农业和纺织的发达，漕运的便利和商业机会，使苏州和杭州被称为“人间天堂”。明清时期，苏州、杭州成为工商业极为发达的地区。北方的天津和南方的宁波（明州）都是大运河与海上交通的交汇处，成为全国货物的历史集散地和重要港口。

大运河和这些城市一起出现和发展。沿线的城镇见证了大运河的悠久历史和漕运的深远影响。大运河沿线的遗产，如城市街区和商业设施，见证了漕运在促进城市发展以及促进区域经济和贸易方面的作用。这些历史街区证明了运河对城市发展的影响。建在水运便利、贸易繁荣地区的商会和商行，也反映了漕运带动的工业和文化的发展，见证了大运河带来的思想、文化和技术的交流。中国大运河是世界运河史上一个突出而独特的例子。它展示了农业文明时期人工运河发展的漫长历史阶段和巨大影响，代表了工业革命前土木工程的杰出成就。

5.2.3 大运河作为7世纪至19世纪中国最重要的交通大动脉，在国家和地区发展和文化交流方面发挥了重要作用

大运河在帝国文明框架的建设中提供了交通方面的支撑，起到了举足轻重的作用。特别是，它与古代帝国社会结构的形成相互作用。中华文明在本质上具有农业文明和河流文明的特征。隋代修建的大运河，为隋唐宋时期皇权的维护和经济、文化的繁荣提供了有力的支撑。从元朝到明清，京杭运河加强了北京的政治军

事地位，为唐、宋以后的北京政治、经济、军事、文化中心地位奠定了基础。大运河是维系统一帝国文明发展的生命线，也是人类文明史的重要证据。

大运河的开通使得中国南部和中部产生了良好的交流，连接了洛阳和宁波，这两座城市是陆地和海上丝绸之路的重要节点。因此，大运河也成为连接丝绸之路从陆地到海洋的内陆运输通道，在文化交流方面产生深远的影响。大运河是一条文化之河，它不仅连接着华南和华北，而且把黄河和长江连接起来，从而间接地连接起更广阔的空间。它在中国伟大文化格局的形成中起着非常重要的作用，是连接古代中国与世界的桥梁，是古代东方主要的国际交通路线之一。大运河作为交通要道，其开凿和改造对中国古代北方先进的生产技术和文化向南传播具有重要意义。隋炀帝开凿江南运河后将江南地区与中原地区连接起来，使得中原文化开始向南传播，包括北方民族的生活方式，文化成就和经济物资都参与到南方社会的发展中，直接促进了南方经济中心的形成。

隋唐以后，华北和中原地区连年战乱，民不聊生。中国古代的经济中心逐渐向江南地区转移。大运河使江南的丝绸工艺、陶瓷制造技术、建筑技术、纸张印刷、指南针和各种文化书籍得以传入中国北方。江南商品对华北和中原地区人们的生活方式和价值观产生了巨大的影响。同时，雄厚的物质基础使江南成为全国人力文化资源的集聚地，成为中国古代科举制度下官僚士大夫的重要来源。一大批江南学者通过大运河到华北地区游览或营管，把江南的文化、习俗和生活方式带到中原和华北地区。

中国地域文化虽多，但其中最重要的是北方的齐鲁文化和江南文化。齐鲁文化是汉族文化，江南文化是诗性文化。这是国民最基本的生存需要和文化理想。因此，他们之间的双向交流是非常重要的。大运河为这两种本截然相反的两种文化产生接触、理解和相互整合提供了可能，在他们之间的沟通和交流中起着重要的作用。因此，大运河对中国古代文化模式的形成具有重要意义。

大运河的开凿和改造不仅直接促进了中国各地的物流和人际交往，而且影响了古代中国的对外交往和对外交往的路线。大运河是古代东方世界主要国际交通路线的组成部分。大运河一端的明州（宁波）港可以连接到国外地区，另一端的洛阳是隋唐宋时期丝绸之路内亚地区的重要节点。元朝以后，蒙古帝国的建立使欧亚交通变得更加畅通，这样大运河将中国与世界联系得更加紧密。例如，丝绸工艺、陶瓷制造技术、建筑工艺、纸质印刷、指南针等多种文化书籍远销海外。同时，来自东南亚的优质木材、宝石、香料、象牙以及来自中亚的皮革和矿物颜料会通过大运河运往中国各地。中国工匠甚至参与了中东灌溉工程的设计和施工。来自亚洲和西方的僧侣、政府官员、商人、传教士、旅行者等经常通过大运河在中国内地旅行。通过海陆交通，古代中国与亚洲、欧洲之间建立了广泛的政治、经济、文化联系，促进了古代世界的交流与沟通。大运河作为中国古代的交通大动脉，在历史上留下了深刻的印记，成为文明进程的重要组成部分。

5.2.4　大运河印证了中国自古以来的大一统价值，对促进和巩固国家统一发挥了重要作用

大运河是大一统的直接体现。随着隋朝的建立，运河的第一次南北大贯通是为了满足南方的货物需求和北方边境地区的军事需求。第二次贯通发生在元朝，在结束长期分割后，促成了一个新的民族融合高峰的到来。大运河的历史呼应了中国古代大一统的形成、发展和巩固。

大运河是维护国家统一、促进和巩固农业帝国大团结的重要政治经济战略。历史上，连接南北的大运河在古代帝国的政治和军事发展中发挥了关键作用。隋唐以后，开凿和开发运河的目的是巩固和加强皇室的统治，首先是为了满足军事和经济上的需要。因此，大运河成为维系中央集权和国家统一的政治经济纽带。在继隋唐之后的各个朝代，政治中心逐渐北移，表现出强烈的大一统意识。元朝统一后至明清，为大一统奠定了坚实的基础。大运河促进了中国传统历史上南北两大区域的相互交流，加速了南北各民族的融合，促进了中国多元文化的统一。运河沿岸的城市，包括天津、临清、淮安、扬州、苏州，是不同民族人民生活的地方。大运河两岸各族人民的混居进一步促进了他们之间的交流与融合，最终奠定了统一国家统一文化的基础。因此，大运河在中国历史上多次推动和支持统一，成为大一统思想的直接证明。

大运河将小的自然河流连接成一个系统，将其转化为一个具有共性的大的文化环境。大运河在其一千多年的历史中，除了便利交通和繁荣商业外，还孕育了特殊的风俗习惯，影响着沿河人民的生活方式。除了传统的节日，如春节、元宵节、端午节，沿河的人们也庆祝带有大运河标志的节日。例如，天津、山东和长江三角洲南部地区的人们在中元节会放河灯。两岸人们在享受交通便利等优势的同时，也承受着洪水的磨难。所以他们很自然地崇拜这条河。在婚礼中向河中扔硬币和避免口头禁忌等习俗是民间信仰的表现。他们还向河神献祭，祈求幸福和消除灾难。运河沿岸的龙王庙和盐宗庙就是这种信仰的证明。

沿岸城市群的出现是大运河的一个印记。在南方，大运河的水系与城市水系相连，形成了独特的“河边住宅”生活方式。扬州、苏州、无锡、杭州、绍兴、南浔等历史名城的运河街区，生动地展现了运河所塑造的生活方式。在北方，由于水资源的缺乏，水系对城镇和街区布局没有明显的影响。但沿着大运河河岸，情况就大不一样了。运河包括 2 个直辖市和 6 个省的 25 个城市入选世界遗产名录，总人口 1.7 亿，是中国中东部最重要的地区。大运河养育着沿岸的人们，在他们的生活中留下了明显的痕迹。运河人是南北方几代人共同的记忆，他们用“母亲河”来形容自己与大运河之间深厚的情感纽带。

5.3　大运河是世界上建造最早至今仍在使用的水道

京杭大运河是世界上连续使用时间最长、空间覆盖面积最大的运河，是世界上“技术意义重大的运河”之一，被列入《世界遗产名录》与《国际运河遗址名录》，是世界运河发展史上的一座里程碑。

自 7 世纪初开凿贯通以来，大运河在路线和方向上都没有太大的变化，只是在 13 世纪时疏通了会通运河，使其呈“Y”形布局。一些河段仍然在航运中扮演着重要的角色。就工程的复杂性、涉及的人力和物力而言，没有其他运河能与大运河相比。克服了地形高差、供水、水深控制、入淮河过黄河、防洪减灾、系统管理等六大难题，保证了长期连续通航。大运河治水是人类文明史上的一项重大而辉煌的成就，是农业文明技术体系中规模最大、结构最复杂、系统最完善、最全面的水利交通工程。大运河自建成以来不断完善和更新，保证了其技术适应性和先进性。在过去的 2000 多年里，大运河的建设从未停止过，大运河也从未闲置过。水系统发生了变化，水路、水系、水利设施、水管理理念、水控制策略、管理机构、运行机制也发生了变化。它是人与自然共同作用和不断进化的结果。随着社会的发展，大运河发挥着越来越大的作用。从最初的货物运输和交通，到水的分配、灌溉和防洪，它一直是中国土地上最重要的现存文化遗产。大运河作为“技术意义重大的运河”之一，被列入世界遗产名录是对其价值的充分肯定。

5.3.1 与国外运河遗产的比较分析

大运河是中央政府统一组织、管理和维护的运河工程，具有独特的功用——漕运，是人类运河工程史上的一个独例。从农业文明时代的工程技术来看，它是运河工程的典型代表。其因地制宜的规划思想和与时俱进的技术特征，具有中华文明的典型特征。大运河的空间和时间跨度与大规模的连接形成了历史上最早的人工水运通道，是使用时间最长的空间跨度最大的运河工程，对人类文明进程产生重大影响。

以入选《世界遗产名录》中的运河遗址和重要国际水利和水运遗产研究文献①中提到的运河，与大运河进行比较，主要包括以下方面：

---

① The International Canal Monuments List, The International Committee for the Conservation of the Industrial Heritage(TICCIH); Joseph Needham, *Science and Civilization in China*, Part 3 of Volume IV: Civil Engineering and Nautics.

表 5.1 世界遗产运河比较分析表

运河名称	功能与类型	国家	时期	规模与长度	价值标准
大运河	交通运输，连接中国经济与政治中心的主要通道	中国	公元前 5 世纪建造，7 世纪时第一次完成南北大贯通	1011 千米	2014 年入选《世界遗产名录》价值标准：(i)(iii)(iv)(vi)
米迪运河	交通运输，欧洲运河的典范	法国	17 世纪晚期	360 千米	1996 年入选《世界遗产名录》价值标准：(i)(ii)(iv)(vi)
中央运河	交通运输，四座吊桥	比利时	19 世纪末 20 世纪初	21 千米	1998 年入选《世界遗产名录》价值标准：(iii)(iv)
阿弗拉吉灌溉系统	灌溉	阿曼	建造时间不详，但出现时间很早	30 千米	2006 年入选《世界遗产名录》价值标准：(v)
里多运河	交通运输与军事防御，可通行大型轮船，作为两个不同区域的连接点	加拿大	19 世纪早期	202 千米	2007 年入选《世界遗产名录》价值标准：(i)(iv)
旁特基西斯特高架输水道桥与运河	工业交通，工业革命时期钢铁高架桥的典范	英国	18 世纪末 19 世纪初	总长度 18 千米	2009 年入选《世界遗产名录》价值标准：(i)(ii)(iv)
舒什塔尔的古代水利系统	多功能人工水道，主要用于灌溉	伊朗	公元前 5 世纪建造	运河长度大约为 10 千米	2009 年入选《世界遗产名录》价值标准：(i)(ii)(iv)
阿姆斯特丹 17 世纪环形运河区	排水，城市运河，港口，启蒙时代城市乌托邦	荷兰	从 16 世纪末到 17 世纪早期	城市内河长度大约为 12～15 千米	2010 年入选《世界遗产名录》价值标准：(i)(ii)(iv)
奥古斯都运河	交通运输，两个山谷连接处	波兰与白俄罗斯	19 世纪早期	101.2 千米	入选《世界遗产名录备选名单》价值标准：(i)(ii)
迪克运河	交通运输	哥伦比亚	17 世纪中期	118 千米	入选《世界遗产名录备选名单》价值标准：(i)(iv)

续表

运河名称	功能与类型	国家	时期	规模与长度	价值标准
灵渠	交通运输，军事要塞	中国	公元前3世纪	36.5千米	2018年入选《世界灌溉工程遗产名录》价值标准：(i)(iv)(vi)
伊利运河	交通运输	美国	19世纪早期	584千米	
喀里多尼亚运河	交通运输	苏格兰	19世纪早期	100千米	
斯里兰卡加亚恒河	供水与灌溉	斯里兰卡	5世纪	87千米	
布里奇沃特运河	交通运输	英国	18世纪晚期	66千米	
布里亚尔运河	交通运输	法国	17世纪早期	55千米	

从列入《世界遗产名录》中的水道（包括完整的水道和水系）和重要文献中包括水运运河和灌溉运河案例来看，这些运河工程虽然功能不同，但在水利技术上具有共性。从区位上看，这些运河主要分布在欧洲、北美、中东和南亚。从开凿、使用和维修情况上看，欧洲和北美的大部分运河都是在17世纪以后开凿的，代表了工业革命后人类在工业技术上的成就。中东和南亚的灌溉系统和中国的水道系统在公元前就已经被修建并长期使用，随着技术的不断发展而得到完善，形成了适应当地自然和水文环境的古代水利技术系统。

5.3.2 运河技术特征的比较分析

(1)工业文明时代运河工程建设的主要技术特征

随着汽船的普及和船舶吨位的增加，运河需要挖得更深、更宽，汽船的速度提升需要航道更直。

工业时代也被称为钢铁时代，在这一时期，钢铁逐渐取代了运河建设中传统的天然材料。因此,工业时代的运河有铁桥和铁闸等水利设施。与古代水利设施相比,它们的结构更加复杂,规模也更大。

近代西方科学技术的发展,为工业水渠的水利工程技术奠定了基础,使人类能够利用现代技术克服自然环境的限制,完成更加艰巨的水利工程。

反映出相对清晰的技术交流和传播过程。

(2)农业文明时代运河(灌溉)工程的基本技术特征

这些工程历史悠久,与以农业为基础的生活方式密切相关,已经使用了很长时间,对区域文明有着深远的意义。

农业文明时期的运河(灌溉)工程表现出更多的地方适应性,材料倾向于竹、木、砖、石等。

不同文明之间的交通不发达,导致不同文明之间的技术交流和互动不普遍。因此,不同地区技术的独特性更加明显。

中东和南亚的水利工程主要用于灌溉。

(3) 中国古代水利工程的共同特点

与世界其他水利工程相比,中国的水利工程(包括运河)具有特殊性和独创性,这是由中国特殊的气候和水文特征决定的。不同地区、不同季节降水差异较大,导致南北河流特征差异较大,自然河流年径流量对比明显。自然河流的利用或人工航道的开挖,应优先考虑四季供水的变化。夏季,防洪工程必须与水库及其他类似工程相配套,控制过剩的供水量;旱季,应当对航道的流量采取节水措施。

水利工程是国家大事的重中之重,治水成就是历史上帝王最重要的成就。这种观念可以追溯到远古时代。水利工程的技术特点通常与河道疏浚和整治密切相关。在此过程中,年修成为每年应对洪水风险的重要传统。选取当地低成本材料和定期维护成为制度规定,例如采用夯土和柴捆。在长期的实践中,人们也总结和验证了中国传统的哲学观念——遵循自然规律,因地制宜。

与工业文明时代建造的运河相比,大运河代表了人类文明不同阶段的工程技术。迄今为止,被列入世界遗产名录的运河都是工业革命时期水利规划和工程技术的典范。它们建于17世纪和19世纪之间。由于工程力学和建筑材料的革命性突破,使建造大型水闸和大坝成为可能。水闸和水库的应用缩短了运河的航道。这些运河无疑是工业革命遗留下来的伟大工程。

布里奇沃特运河(英国),米迪运河(法国)、伊利运河和里德奥运河(加拿大)以及荷兰中央运河工程技术体现了欧洲和美国在相同的技术体系中建造出不同特色的运河模式,它们代表了一个完整的技术传播过程,在不同时期、不同技术发展阶段、不同功能需求下,表现出延续的一致性特征。它们代表了世界水利发展史上欧美工业革命时期的典型技术成就。

表5.2 世界运河技术特征比较

运河名称	国家	建造时期	目的与主要功能	主要的技术特征	技术系统
米迪运河	法国	17世纪	运输	欧洲近代修建的第一条水利工程运河枢纽	受荷兰和意大利工程技术的影响和启发
布里亚尔运河	法国	17世纪早期	运输	欧洲第一条科技运河	受荷兰和意大利运河工程技术的影响和启发
布里奇沃特运河、埃尔斯米尔运河、喀里多尼亚运河的主要河道等	英国	18世纪	运输	采用先进的铸铁人工渡槽技术	借鉴法国的米迪运河经验,也受到了荷兰运河的影响。

续表

运河名称	国家	建造时期	目的与主要功能	主要的技术特征	技术系统
中央运河	比利时	19 世纪	运输	以升船机为代表的重要工业成就	它受到法国和英国许多运河的影响。
伊利运河	美国	19 世纪	运输	低成本的水利工程，代表地方最先进的文化	受到欧洲运河技术的影响，作为跨域区域传播工业技术的典范。
里多运河	加拿大	19 世纪	运输	第一条专门为轮船设计的运河	受到欧洲运河技术的影响，作为跨域区域传播工业技术的典范。

与上述这些运河不同，大运河代表了不同文明阶段的工程技术成就。大运河发源于农业技术体系，以土、木、砖、石、芦苇为材料，以人工、畜力代替机械动力，以创造和积累的经验代替现代测绘和泥沙动力的知识。水资源调查和路线规划贯穿整个广阔的空间，随后是大量的技术发明和大型复杂工程。大运河充分体现了中国在运河工程建设、管理和维修方面的成就，是人类农业文明时代的杰作。

(4)双门水闸和运河水脊工程是大运河沿线的革命性技术成果，在世界运河发展史上具有重要意义

双门闸的历史可以追溯到 10 世纪，建于 1068 年的长安闸是世界上现存最早的双门闸之一。大约 300 年之后，类似的工程才在欧洲出现①。虽然还不能证明在 13 和 14 世纪通过欧洲和亚洲之间的文化交流中将中国双门闸传播到欧洲，但双门闸的发明的确是一个伟大的成就，代表当时最高水平的水运工程技术。

① Joseph Needham，Science and Civilisation in China，Volume 4，Part3，*Civil Engineering and Nautics*，P399－400(Science Press，Shanghai Classics Publishing House，2008)

会通运河是13世纪以前高差最大的运河水脊。它跨越了大运河全线最高的地形，两端与中部之间的高差约为30米。通过水源工程和阶梯闸门工程，解决了水源问题，控制了航道深度。汇通运河的修建比欧洲最早的运河水脊工程早100多年。[①] 阶梯闸工程比欧洲最早的类似工程早了近300年。[②] 在世界上最早的航运水源项目中，南旺水利枢纽设施比法国米迪运河沿岸的水源项目(1667—1771)早了200多年。

由此可见，大运河是世界上最早的运河之一，也是世界上使用时间最长的运河，在水利和航运方面仍然发挥着重要的作用。大运河是一个巨大的跨地区的复杂河道，它的组成部分是在不同时期分别建造的。它的独特性已被《国际运河遗址名录》明确承认，该名录指出："大运河需要能够从一个河谷向另一个河谷延伸，以便建立网络，方便大量货物跨越相当长的距离运输。"[③]中国的大运河是第一个做到的。从运河的规模和长度来看，大运河无疑是有史以来世界上最大、最长的运河。它覆盖了超过10度的纬度，包括许多水道、湖泊、水利设施和相关的遗产。工业革命后修建的许多现代运河在规模和长度上根本无法与之相比。

大运河是人类历史上最长的人工水道之一。从公元7世纪隋

① The International Canal Monuments List, The International Committee for the Conservation of the Industrial Heritage(TICCIH): "By the end of the 14th century, the open of the Stecknitz Canal(1398) marked the emerging of first summit canal in Europe."

② The International Canal Monuments List, The International Committee for the Conservation of the Industrial Heritage(TICCIH): "By the end of the 14th century, the open of the Stecknitz Canal(1398) marked the emerging of first summit canal in Europe."

③ The International Canal Monuments List, The International Committee for the Conservation of the Industrial Heritage(TICCIH)

朝开始经历了1400多年的演变。它甚至可以追溯到公元前5世纪(春秋时期)。它也是世界上使用时间最长的运河之一。今天,运河的一些河段仍在发挥水利和航运的作用,而一些河段几个世纪以来一直承担着在中国南北地区之间分配和运输物资的任务。这是运河工程建设取得成就的最好证明。从历史时期、空间分布、关键位置和现状条件等方面,充分体现了大运河的时空跨度和历史发展。它是工业革命前建造运河技术的综合体现。在工程技术成就和制度上,大运河与其他重要的人工水道和水利工程,包括已经列入世界遗产名录的工程有很大的不同。它拥有不可替代的特点和成就,大运河遗产的组成部分是极具代表性。它们为大运河潜在的突出的普遍价值提供了综合和强有力的支持。2000多年来,大运河一直是促进城市发展和经济繁荣、保持团结的文明摇篮,影响深远。

5.3.3　中国大运河是漕运悠久文化传统的直接见证,是世界运河遗产中的独例

大运河始于区域性的货物运输和军事运输,在中国成为一个统一的帝国后成为运输货物和维持统治的重要工具。大运河是由国家建造和管理的,它所承载的功能——漕运成为不同朝代继承和使用的制度。由于其独特的运力和作用,大运河具有与世界其他运河遗存明显不同的独特价值,成为人类运河工程的独特典范。

大运河作为漕运的物质载体,是维系农业帝国有序运转的不可替代的生命线。漕运的运行使大运河得以持续发展。在缺乏成熟科学理念的情况下,以经验为基础发展起来的运河工程呈现出了创造、改良、退化、停滞的长期演进特征,这在运河遗产中得到了清晰的体现。例如,明清时期的清口水利枢纽见证了明清时期几

百年抗击黄河的历史。南旺水利枢纽经过一百多年的不断建设，积累了丰富的知识和实践。大运河所有的遗迹遗址都反映了大运河全线贯通1400多年来，工程技术和管理体制的不断演变的过程。

漕运使大运河见证了统一的封建帝国的形成、兴盛和衰落。它影响了各封建王朝都城的选址和城市规划，促进了河岸城市的兴起和繁荣。它极大地促进了不同经济文化区域的接触和交流，塑造了沿河居民独特的生活方式，具有丰富而持久的经济、社会和文化价值。大运河被列入世界遗产证明大运河不仅展示了过去的技术和文明，而且推动了当代社会的进步。这使得大运河在世界运河史中独树一帜。欧洲和美国的运河一般是用于工业运输，在中东和南亚早期的人工运河是主要用于水运和灌溉等。因此，中国大运河具有不同的技术特点、管理体制和广泛的影响，是人类运河工程发展史上的一个特例。

参考文献

英文文献

[1] Hoskins, W G, *The Making of the English Landscape* [M]. London: Hodder & Stoughton, 1955.

[2] Hodder, Lan. *Reading the Past, Current Approaches to Interpretation in Archaeology* [M]. Cambridge: Cambridge University Press, 1986.

[3] Grant, E. G. "*Industry: landscape and location*", *in Wagstaff, J. M. (ed.) Landscape and culture* [M]. Oxford: Blackwell, 1987.

[4] Johnson, M. *The Archaeology of Capitalism* [M]. Oxford: Blackwell, 1987.

[5] Palmer, M. Industrial Archaeology: Working for the Future[J]. *Industrial Archaeology Review*, 1991(16): I, 17—32.

[6] Palmer, Marilyn. 'Industrial archaeology: continuity and change' [J]. *IAR*, XVI, 1994(2):135—156.

[7] Shanks, Michael and Tilley, Christopher. *Social Theory and Archaeology* [M]. Cambridge: Cambridge University Press, 1996.

[8] Malaws, B A. Process Recording at Industrial Sites [J]. *Industrial Archaeology Review*, 1997(19):1, 75—98.

[9] Palmer, Marilyn. *Industrial archaeology Principles and Practice* [M]. London: Routledge, 1998.

[10] Cocroft, W D, *Dangerous Energy: the archaeology of gunpower and military explosives manufacture* [M]. London: English Heritage, 2000.

[11] Campion, G. People, Process and the poverty pew: a functional analysis of mundane buildings in the Nottinghamshire framework－knitting industry [J]. *Antiquity*, 2001(70): 847－880.

[12] Gwyn, D&Palmer, M (eds) Understanding the Workplace. A Research Framework for Industrial Archaeology in Britain [J]. *Industrial Archaeology Review*, 2005(27): I.

[13] Nevell, M. Industrialisation, Ownership, and the Manchester Methodology: The Role of the Contemporary Social Structure During Industrialisation, 1600 - 1900 [J]. *Industrial Archaeology Review* ,2005(27): 1, 87－95.

[14] Turner, S. Historic Landscape Characterisation: A landscape archaeology for research, management and planning[J]. *Landscape Research* , 2006(31):4, 385－398.

[15] Johnson, M. *Ideas of landscape* [M]. Blackwell, Malden, 2007.

[16] Palmer, M. Industrial Archaeology and the Archaeological Community: Fifty Years On [J]. *Industrial Archaeology Review*, 2010(32): I, 5－20.

[17] Bayley, J, Crossley, D & Ponting, M. Metal and Metalworking: a research strategy for archaeometallurgy [J]. *Histor-*

ical Metallurgy Society Occasional Publication, 2010(6).

[18] Kennedy, D. & M. C. Bishop. Google earth and the archaeology of Saudi Arabia. A case study from the Jeddah area [J]. *Journal of Archaeological Science*, 2011(38), 1284—1293.

[19] Palmer, M, Nevell, M & Sissons, M. *Industrial archaeology: a handbook* [M]. York: Council for British Archaeology 2012.

[20] Rippon, S, Historic Landscape Character and Sense of Place [J]. *Landscape Research*, 2013 (38) : 179—202.

[21] Fairclough, G & Herring, P, Lens, mirror, window: interactions between Historic Landscape Characterisation and Landscape Character Assessment [J]. *Landscape Research*, 2016 (41): 186—198.

[22] Fleming, A. Debating landscape archaeology [J]. *Landscapes*, 2008(9):74—76.

中文文献

[1]（清）顾祖禹. 读史方舆纪要[M]. 北京：中华书局，1955年.

[2]（明）吴仲撰. 通惠河志[M]. 北京：中国书店，1992.

[3]（明）宋濂. 元史·卷一六四·郭守敬传[M]. 北京：中华书局，1976.

[4]（清）张鹏翮. 治河全书[M]. 天津：天津古籍出版社，2007.

[5]（清）张鹏湖. 淮河全图[M]. 北京：中国地图出版社，2012.

[6]（清）张鹏. 运河全图[M]. 北京：中国地图出版社，2012.

[7] 张含英. 历代治河方略探讨[M]. 北京：中国水利出版

社,1982.

[8] 傅崇兰著.中国运河城市发展史[M].成都:四川人民出版社,1985.

[9] 史念海著.中国的运河[M].西安:陕西人民出版社,1989.

[10] 黄河水利委员会黄河志总编辑室.黄河志·卷一·黄河大事记[M].郑州:河南人民出版社,1991.

[11] 范金民,夏维中.苏州地区社会经济史(明清卷)[M].南京:南京大学出版社,1993.

[12] 王卫平.明清时期江南城市的繁荣与市场体系[M].北京:人民出版社,1999.

[13] 金星华主编.通州[M].北京:北京图书馆出版社,1999.

[14]《中国大运河史》编委会.中国大运河史[M].北京:中华书局,2001.

[15] 邓辉.从自然景观到文化景观[M].北京:商务出版社,2005.

[16] 陈锋.明清以来长江流域社会发展史论[M].武汉:武汉大学出版社,2006.

[17] 安作璋.中国运河文化史(全三册)[M].济南:山东教育出版社,2008.

[18] 董文虎等.京杭大运河的历史与未来[M].北京:社会科学文献出版社,2008.

[19] 嵇果煌.中国三千年运河史[M].北京:中国大百科全书出版社,2008.

[20] 冯利华,陈雄.钱塘江流域水利开发史研究[M].北京:中国社会科学出版社,2009.

[21] 戴代新.历史文化景观的再现[M].上海:同济大学出版

社,2009.

[22] 毛锋,周文生等.空间信息技术在京杭大运河文化遗产保护中的应用[M].北京:科学出版社,2011.

[23] 毛锋,吴晨等.京杭大运河时空演变[M].北京:科学出版社,2012.

[24] 中国文化遗产研究院.大运河清口枢纽工程遗产调查与研究[M].北京:文物出版社,2012.

[25] 水利部淮河委员会.淮河水利管理志[M].北京:科学出版社,2013.

[26] 单霁翔.大运河遗产保护[M].天津:天津大学出版社,2013.

[27] 潭徐明等.中国大运河文化遗产保护技术基础[M].北京:科学出版社,2013.

[28] 徐从法.京杭大运河史略[M].扬州:广陵书社,2013.

[29] 毛峰,吴永兴,李喜佳等.京杭大运河开凿与变迁[M].北京:电子工业出版社,2014.

[30] 吕昌建.近现代工业遗产博物馆研究[M].北京:学习出版社,2016.